Taekwondo Selbstverteidigung
– Grundlagen, Trainingspraxis, Gürteltraining –

Danksagung

Einmal mehr konnten die Autoren feststellen, dass ein Buch immer ein Gemeinschaftswerk mehrerer Personen neben den Verfassern ist. Wir möchten an dieser Stelle allen danken, die uns bei der Entstehung dieses Buches unterstützten und halfen.

- Markus Krechel, 1. Dan Ashihara Karate, 2. Dan Ju-Jitsu, für die Assistenz als Modell (Angreifer) auf den Fotos.
- Judith Vetter (Titelfoto) und Michael Dautzenberg für ihre fotografischen Arbeiten.
- Florian Erb, 3. Dan, Aikido-Lehrer, für die Überlassung seines wunderschönen Dojos.
- Den Firmen S+L und KUNTAO, die bereitwillig Anzüge und Ausrüstung für die Gestaltung der Fotos zur Verfügung stellten.
- Vom Meyer & Meyer Verlag: Hans-Jürgen Meyer für die Möglichkeit, das Buchprojekt zu realisieren, dem Cheflektor Thomas Stengel und unserem Lektor Kai Faltin für die fruchtbare Zusammenarbeit.

Vielen Dank!

Die Autoren

Jürgen Höller/Axel Maluschka

Taekwondo Selbstverteidigung

– Grundlagen, Trainingspraxis, Gürteltraining –

Meyer & Meyer Verlag

Die Deutsche Bibliothek – CIP-Einheitsaufnahme

Taekwondo Selbstverteidigung – Grundlagen, Trainingspraxis, Gürteltraining –
/ Jürgen Höller , Axel Maluschka
– Aachen : Meyer und Meyer, 2003
ISBN 3-89124-954-3

Adelaide, Auckland, Budapest, Graz, Johannesburg, Miami,
Olten (CH), Oxford, Singapore, Toronto
Member of the World
Sport Publishers' Association (WSPA)
Druck und Bindung: Finidr s. r. o., Český Těšin
ISBN 3-89124-954-3
E-Mail: verlag@m-m-sports.com

Inhalt

1 Vorüberlegungen

Welche Beweggründe haben Menschen, mit Sport im Allgemeinen und – im Speziellen – mit einer Kampfkunst wie Taekwondo zu beginnen? Die Bewegung, die als Ausgleich zum Alltag empfunden wird, der Wunsch nach einem gesünderen Lebensstil, Geselligkeit, die Möglichkeit der Selbsterfahrung und des Selbstausdrucks und und und ... Das alles sind Motive, die zum Tragen kommen. Bei der Aufnahme des Trainings einer Kampfkunst kommt noch die esoterische und mystische Komponente hinzu, die für viele mit den asiatischen Kampfkünsten verknüpft ist. Neben den genannten Punkten ist für die meisten Anfänger allerdings das *wichtigste Motiv die Option, sich selbst verteidigen zu können.* Interessanterweise tragen die meisten Vereine diesem Beweggrund keine Rechnung, da durch die *überwiegende Wettkampforientierung und die weit gehende Gleichsetzung der Kampfkunst Taekwondo mit dem sportlichen Wettkampf* der Aspekt der Selbstverteidigung immer mehr in den Hintergrund tritt. Damit entfernen wir uns einerseits immer mehr von den Wurzeln einer Kampfkunst, die in der Kampf- und Verteidigungsfähigkeit des Einzelnen liegen, und grenzen andererseits große, potenzielle Zielgruppen wie Frauen und ältere Interessenten weit gehend aus. Die Selbstverteidigung – neben dem Wettkampf *das* anwendungsbezogene Handlungssystem in der Kampfkunst Taekwondo – bietet die Möglichkeit, diesen Zielgruppen ein *interessantes, alternatives Betätigungsfeld* neben den modellhaften Handlungssystemen (Kibon, Formen, stilisierte Partnerübungen) und dem Wettkampf zur Verfügung zu stellen. Damit können wir auch eher dem Anspruch des Taekwondo als Lifetimesportart bzw. einer *Kampfkunst* gerecht werden!

Bei der Betrachtung des Trainingsalltags und der Gürtelprüfungen kann man folgende Sachverhalte feststellen:

- Die Unterschiede zwischen Wettkampf und Selbstverteidigung sind weder Trainern noch Schülern klar.
- Adäquate Trainingsmethoden für den Bereich Selbstverteidigung finden keine Anwendung.
- Frustration und das Gefühl, nicht das zu finden, was ursprünglich angestrebt worden war, führen zu einer hohen Drop-out-Quote gerade bei den oben erwähnten Zielgruppen.

- Bei der Gürtelprüfung fristet die Selbstverteidigung ein „Mauerblümchendasein". Überzeichnet gesprochen, sind viele der gezeigten Techniken unrealistisch, lächerlich bis hin zu „selbstmörderisch".

Dieses Buch kann und will kein „Allheilmittel" gegen diese Missstände sein. Es hat seinen Zweck erreicht, wenn es *Denkanstöße, Kriterien für die Realitätstauglichkeit* der individuellen Selbstverteidigungslösungen sowie *Spaß beim Üben* durch vielfältige Methoden vermittelt. Wenn sich darüber hinaus ein *Bewusstsein für die Wichtigkeit eines der grundlegenden Handlungssysteme des Taekwondo* und seine *Gleichwertigkeit gegenüber dem Handlungssystem Wettkampf* entwickelt, umso besser.

2 Der Unterschied zwischen Wettkampf (Kyorugi) und Selbstverteidigung (Hosinsul)

Die anwendungsbezogenen Handlungssysteme des Taekwondo, ***Kyorugi*** und ***Hosinsul***, bilden die Endpunkte einer Entwicklung aus dem Training der Handlungssysteme aus dem Modellbereich. Im Modellbereich soll der Schüler Konzepte, Theorien und grundsätzliche Bewegungsmuster erarbeiten, wobei die Schwerpunkte in den einzelnen Modellsystemen (***Kibou***, **Partnerübungen**, ***Poomse***, ...) unterschiedlich gesetzt sind. Eine Integration dieser erlernten Elemente erfolgt in den anwendungsbezogenen Handlungssystemen. Diese Integration der Modellelemente ist aber nur möglich, wenn eine adäquate Adaption der Modelle (= Grundschultechniken) an das jeweilige anwendungsbezogene Handlungssystem stattfindet. Am weitesten klafft die Schere zwischen Grundschul- und Wettkampftechniken. Dies hat in den letzten drei Jahrzehnten zu einer immer stärkeren Ablösung des *Hosinsul*-Systems aus dem Gesamtsystem Taekwondo geführt und bei großen Teilen der Taekwondoka wie auch der breiten Öffentlichkeit zu einer Identifikation des Teilsystems *Kyorugi* mit der Kampfkunst Taekwondo geführt. Von daher liegt für viele der Schluss nahe, den gesamten Modellbereich Selbstverteidigung für veraltet zu halten und im Training zu vernachlässigen. So ist auch bei Nurwettkämpfern die Drop-out-Quote nach der aktiven Wettkampflaufbahn höher als bei denen, die ganzheitlicher trainierten.

Im *Hosinsul* führt die unrealistische Übertragung von (idealtypischen) Modelltechniken zur Frustration, weil gewisse Faktoren wie Deckungsverhalten, bewegliche Beinarbeit u. a. nicht beachtet werden. Die Folge ist die unrealistische Selbstverteidigung, die man zumeist bei Gürtelprüfungen „bewundern" kann.

Bei beiden Handlungssystemen herrscht kein Bewusstsein darüber vor, dass eine *Adaption der Techniken an die Funktion des jeweiligen Handlungssystems* erfolgen muss und dass die erfolgreich generierte Modelltechnik eine gute Grundlage dafür sein kann (aber nicht muss, wie z. B. Kickboxen zeigt, wo ohne den Weg über modellhafte Grundtechniken anwendungsbezogen auf den sportlichen Wettkampf hin trainiert wird). Mit dem Anspruch des *Taekwondo als Kampfkunst* wird der längere Weg in Kauf genommen.

Ein weiterer Denkfehler besteht darin, dass Technikeinführungen aus dem Wettkampfbereich ohne Effektivitätsverlust auf den Selbstverteidigungsbereich übertragen werden können, frei nach dem Motto: „Wer ein guter Wettkämpfer ist, kann sich auch auf der Straße verteidigen!" Kann sein, muss aber nicht und wird es in fast allen Fällen auch im Ernstfall nicht!

Die Erfordernisse sind technisch und mental nach Meinung der Autoren zu unterschiedlich.

Überlappungseffekte sind natürlich vorhanden. Wer Sparringserfahrung hat, bewegt sich anders und kann auch „einstecken", was jemand ohne diese Erfahrungen schwer bewerkstelligt. Durch die Technikreduktion im modernen Taekwondo (weit gehende „Beinlastigkeit") sind die „Werkzeuge" nicht mehr vorhanden, um auf den Nahdistanzen erfolgreich agieren zu können. In der folgenden Gegenüberstellung werden für einige Kernpunkte die Unterschiede zwischen *Kyorugi* und *Hosinsul* herausgearbeitet.

Merkmale	Kyorugi	Hosinsul
Dauer	Meist 2-3 Runden mit Pausen = mehrere Minuten.	3-10 Sekunden.
Techniken	Wenige Punktbringer.	Größeres Technikrepertoire erforderlich.
Regeln	Ausgefeiltes Regelwerk zum Schutz der Kämpfer.	Keine!
Schutzausrüstung	Kopf-, Tief-, Unterarm- und Schienbeinschutz.	Keine!
Distanzen	Neutraldistanz und Trittdistanz.	Alle fünf Distanzen.
Technikausführung	Schnelligkeitsorientiert.	Schnelligkeits- und kraftorientiert, Schwerpunkt auf Kraft.
Umgebung	Definiert: Größe der Kampffläche, Lichtverhältnisse, Bodenbeschaffenheit, Dobok, Unterstützung durch den Coach, Publikum.	
Niederlage	Keine Beeinträchtigung von Leib und Leben.	Verletzung, Behinderung, Tod.
Recht	Keine Sanktionen.	Überschreitung der Notwehr, Wahrnehmungsverzerrung der Zeugen.
Entschlossenheit	Gut, wenn sie da ist, wenn nicht -> folgenlose Niederlage.	Wenn sie fehlt -> folgenschwere Chancenlosigkeit!
Killerinstinkt	Disqualifikation!	Hervorragend! (unter Beachtung der Optimallösung im rechtlichen Rahmen).
Gewinn	Schöne Medaillen, Anerkennung.	Kleidung zerrissen oder zerfetzt, Adrenalin „bis unter die Haarspitzen", eventuell Ärger mit der Polizei .

Tabelle 1: Unterschiede zwischen Kyorugi und Hosinsul

Merke: In einer Selbstverteidigungssituation verlieren *immer* beide, unabhängig davon, wie es ausgeht!

Deshalb: Meiden, wo es nur geht!

3 Gedanken zu Grundprinzipien der Selbstverteidigung

3.1 Maximalantwort und Optimallösung

Wenn wir eine Selbstverteidigungssituation als eine Art Gespräch auffassen, dann ist der Angreifer derjenige, der die Fragen stellt, auf die der Verteidiger eine passende Antwort parat haben muss. Das Spektrum der möglichen „Antworten" (= Lösungen der Selbstverteidigungssituation) reicht von ineffektiven, der Situation nicht angepassten Lösungen (z. B. blindes Umsichschlagen) bis zu Reaktionen bzw. Maßnahmen, die den Tod oder schwere Verletzungen des Gegners verursachen. Die Wahrnehmungsfähigkeit des Verteidigers ist im Idealfall so entwickelt, dass er eine realistische Situationseinschätzung vornehmen und entsprechend reagieren kann. Jedoch gibt es eine ganze Reihe von Faktoren, die diese Situationseinschätzung erschweren oder sogar unmöglich machen.

Zeitdruck

Meist kommt ein Angriff überraschend. Das bedeutet, dass der Verteidiger keine Zeit zu *bewussten* Entscheidungen hat. Die Muster und Verhaltensweisen, die er sich während des Selbstverteidigungstrainings angeeignet hat, werden zum Einsatz kommen oder durch Überraschung, übergroßen Stress, ungewohnte Umgebungsfaktoren nicht abrufbar sein. Das bedeutet für die Trainingspraxis, dass es nicht genügt, in der vertrauten, freundlichen Umgebung mit genügend Zeit agieren zu können, sondern dass bei entsprechendem technischen Können der Faktor *Zeitdruck* vermehrt Eingang ins Selbstverteidigungstraining finden muss.

Unerwartete Eskalation der Situation

Zum besseren Verständnis nur eine kleine Aufzählung: schlechtes Licht; schlüpfriger, unebener Boden; begrenzter Raum; einengende Kleidung (schon mal versucht, sich mit Rucksack oder schwerem Wintermantel in einem schmalen Gang frei und leicht zu bewegen?); Hindernisse wie zum Beispiel bei der Selbstverteidigung in einer Wohnung oder treppauf bzw. treppab.

Jeder dieser Faktoren verändert in irgendeiner Weise die anzuwendenden Techniken oder macht sie unmöglich.

Adrenalinschub

Durch die Adrenalinausschüttung (Stressreaktion!) kommt es zu Wahrnehmungsveränderungen wie Tunnelblick, zu einer subjektiven Verlangsamung des Situationsablaufs und körperlichen Phänomenen wie weichen Knien und/oder zittrigen Händen. Sind Erscheinungen wie diese nicht bekannt, können überzogene Reaktionen (Notwehrüberschreitung) oder der Zusammenbruch der Verteidigungsfähigkeit erfolgen.

Hinzu kommt eine Einschränkung durch den Gesetzgeber, der in Notwehrparagrafen die Verhältnismäßigkeit der Mittel zur Abwehr eines Angriffs fordert. Im Nachhinein ist eine solche Einschätzung von der Warte eines bequemen Sessels und aus der Perspektive eines Außenstehenden leicht vorzunehmen. Eine solche Forderung setzt jedoch implizit eine exakte Situationseinschätzung voraus (naiverweise), die jedoch meist aus oben genannten Gründen erheblich erschwert ist, wenn man selbst mitten in der Situation steckt. Trainingsmethodisch bedeutet das vorher Gesagte nach Meinung der Autoren, dass immer die „Maximalantwort" auf eine Selbstverteidigungssituation trainiert werden sollte, jedoch mit Variation der Intensität unter Auslassung einzelner Bausteine einer Handlungskette. Anders ausgedrückt heißt das: Von einer „Maximalantwort" gelange ich immer leichter zu einer angemessenen Lösung, als immer wieder „nachrüsten" zu müssen. Die Optimallösung ist diejenige, die es situationsangemessen, unter Beachtung des juristischen Rahmens, dem Verteidiger ermöglicht, die Situation zu kontrollieren.

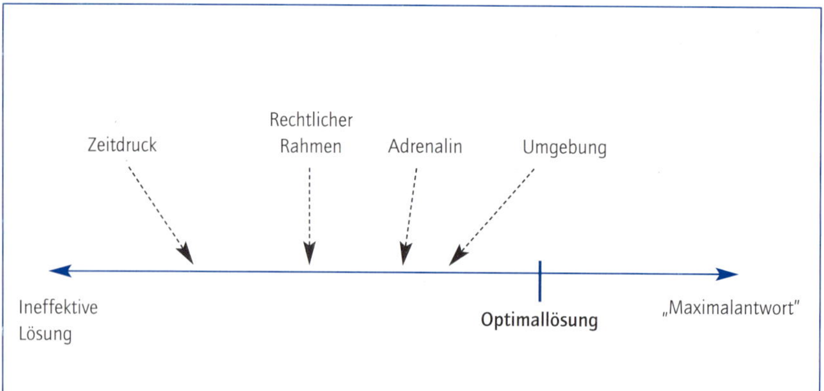

Grafik 1

3.2 Die Absorption von Schlägen und Tritten in der Selbstverteidigung

Durch die normale Trainingsgestaltung in den Dojangs wird bei den Schülern häufig die Illusion genährt, durch entsprechende Abwehr und Deckungsverhalten jeden Treffer durch den Angreifer vermeiden zu können. Diese Illusion ist sehr gefährlich, da sie im Ernstfall dazu führen kann, dass allein psychologisch die Wirkung eines – nicht unbedingt harten – Treffers nicht verarbeitet werden kann und den Zusammenbruch der psychischen Kampf- und Verteidigungsfähigkeit zur Folge hat. Jeder, der an ernsthafter Selbstverteidigung interessiert ist, muss deshalb lernen, mit Treffern umzugehen und deren physische und psychische Wirkungen zu bewältigen. Der Begriff **Expositionstraining** in diesem Zusammenhang bedeutet, dass sich ein Schüler bewusst den Schlägen und Tritten seines Partners aussetzt und Strategien zu ihrer Absorption trainiert.

Da bestimmte Partien des menschlichen Körpers nicht an Schlagwirkungen adaptiert werden können (Augen, Kehlkopf, Hoden, Knie), ist es notwendig, das Deckungsverhalten des Verteidigers diesem Umstand anzupassen. Die Intensität des Vorgehens ist eine Sache der Absprache zwischen den jeweiligen Trainingspartnern. Bei Anfängern geht es zuerst darum, ein Gefühl dafür zu entwickeln, mit leichtem Kontakt umzugehen (leichtes Touchieren). Bei Fortgeschrittenen wird die Intensität verstärkt, um die Realität so gut wie möglich zu simulieren.

Zu den Körperpartien, die in einer Konfrontation am ehesten in Mitleidenschaft gezogen werden, zählen folgende:

- Schienbeine
- Oberschenkel
- Rumpf
- Unterarme.

Wird der Kontakt zu diesen Körperpartien im Training systematisch und sehr dosiert immer härter trainiert, so resultiert daraus eine psychische Gewöhnung und physische Abhärtung, die im Ernstfall dazu verhilft, die Handlungsfähigkeit aufrechtzuerhalten.

Um gegnerischen Schlägen und Tritten die Wirkung zu nehmen, sind folgende Strategien sinnvoll:

- *Reflektorische Rumpfmuskelspannung*
  Gegnerische Techniken können dadurch ihre Wirkung nicht maximal entfalten.
- *Ausatmung*
  Die Ausatmung hilft, die Zwischenrippenmuskeln zu spannen und damit, den Rumpf insgesamt zu verblocken.
- *Kraftfokus der gegnerischen Technik zerstreuen*
  Ein so genanntes *Mitgehen* mit der gegnerischen Technik lässt ihre Kraft verpuffen, da sie nicht den beabsichtigten Zielpunkt trifft.
- *Auftreffwinkel verändern*
  Im Winkel von 90° ist die optimale Kraftübertragung gewährleistet. Wird der Auftreffwinkel kleiner als 90°, ist eine 100%ige Kraftübertragung nicht mehr möglich.
- *Timing*
  Im Anfangsstadium einer Technik besteht die Möglichkeit, in die Technik hineinzugehen und sie an ihrer Entfaltung zu hindern. Das erfordert vom Verteidiger ein gutes Antizipationsvermögen und äußerste Entschlossenheit beim Vorgehen.

3.3 Die Optimierung der Kraftübertragung

In einer Selbstverteidigungssituation müssen folgende Probleme gelöst werden:

- Aufrechterhaltung der Kampffähigkeit unter psychischem und physischem Druck.
- Neutralisation/Absorption der gegnerischen Kraftübertragung.
- Optimale eigene Kraftübertragung, auch unter ungünstigen Bedingungen.

Während die ersten beiden Problemkreise Gegenstand anderer Kapitel sind, steht in diesem Kapitel das Problem der Optimierung der eigenen Schlag- und Trittkraft und ihrer notwendigen Komponenten im Vordergrund.

3.3.1 Schlag-/Trittkraft

Nach dem zweiten NEWTONschen Axiom ist $F = m \times a$ (F = Kraft, m = Masse, a = Beschleunigung). Diese Gleichung lässt sich auch als $F = m \times {}^{v}/_{t}$ schreiben, sodass sich $F \times t = m \times v$ ergibt.

Für die Kraftübertragung lassen sich daraus folgende Überlegungen ableiten:

Da die resultierende Kraft von Zeit (t), Masse (m) und Geschwindigkeit (v) abhängt, die Masse jedoch konstant ist, bleiben als beeinflussbare Größen Geschwindigkeit und Einwirkungszeit. Es gilt also, die Geschwindigkeit zu maximieren und die Einwirkungszeit zu minimieren (d. h. schlagen und nicht schieben), um die resultierende Kraft zu maximieren.

3.3.2 Auftreffwinkel

Die optimale Kraftübertragung ist bei einem Auftreffwinkel von 90° gewährleistet. Ausnahmen von dieser Regel können durch anatomische Besonderheiten gegeben sein, z. B. wird ein Tallyo-Chagi mit dem Schienbein in die kurzen Rippen des Angreifers etwas aufwärts gerichtet getreten, um einen stärkeren Effekt zu erzielen.

3.3.3 Eindringtiefe

Es genügt nicht, wie im Wettkampf, nur auf die Oberfläche eines Ziels zu schlagen. Um eine Wirkung zu erzielen, ist es notwendig, *durch ein Ziel hindurchzuschlagen oder den Fokus des Schlags/Tritts in das Ziel hineinzuverlegen.*

3.3.4 Ganzkörpereinsatz

Jede Technik soll als Ganzkörpertechnik ausgeführt werden, d. h. die Muskelkette, die den Abdruck aus dem Fußballen, Streckung des Beins, Rumpfrotation, Bewegung der Schulterachse, Armstreckung ermöglicht, soll immer ganz aktiviert werden.

Da diese optimalen Bedingungen unter Selbstverteidigungsaspekten nicht immer gegeben sind, muss für die Entwicklung der Schlag-/Trittkraft auch unter Handikapbedingungen (aus dem Kniestand, aus der Bodenlage, eingeschränkte räumliche Gegebenheiten) trainiert werden.

3.3.5 Richtige Distanz

Jede Technik hat ihre *Idealdistanz*, d. h. eine Distanz, auf der sie ihr Wirkungsoptimum erzielt. Da jeder Mensch von seinen anthropometrischen Daten her verschieden ist, ist es äußerst wichtig, dass sich jeder Schüler über seine individuelle Idealdistanz für eine bestimmte Technik klar wird. Da nicht davon auszugehen ist, dass in einer Selbstverteidigungssituation diese Idealbedingungen vorzufinden sind, muss auch jeweils eine *Langdistanz- und Kurzdistanzversion* für jede Technik trainiert werden.

3.3.6 Ökonomische Ausführung

Der Faktor *Geschwindigkeit* bei der Ausführung einer Technik wird u. a. von der korrekten Bewegungsbahn und von der Entspannungfähigkeit nichtbeteiligter Muskulatur beeinflusst. Die Kontraktion dieser Muskeln bei einer Bewegung begrenzt die Technik, auch wenn vielleicht subjektiv das Gefühl größter Kraftentfaltung vorhanden ist.

3.4 Psychologisches Training in der Selbstverteidigung

In der Selbstverteidigung kommt der psychischen Verfassung und der Einstellung des Verteidigers eine noch sehr viel größere Bedeutung zu als im Wettkampf. Die beste Selbstverteidigungstechnik nützt nichts, wenn sie nicht durch Entschlossenheit und unbedingten Selbstbehauptungswillen gestützt wird. Nach Meinung der Autoren beruht der Erfolg in der Selbstverteidigung zu 90 % auf der Psyche und nur zu 10 % auf Technik!

Ungeachtet der enormen Wichtigkeit sollen hier jedoch nur einige Aspekte des Psychotrainings beleuchtet werden, da die Komplexität des Themas eigentlich ein eigenes Buch erfordert.

Das oberste Ziel psychologisch orientierter Trainingsmethoden besteht in der *Erhaltung der psychischen Kampffähigkeit und des Selbstbehauptungswillens.* Erfahrungen aus Selbstverteidigungskursen zeigen, dass vielfach ein illusorisches Wunschdenken im Hinblick auf die Handlungsfähigkeit im Ernstfall vorherrscht, frei nach dem Motto: „Jetzt im Training war ich beim plötzlichen Angriff wie gelähmt, aber im Ernstfall klappt's!"

Es ist äußerst gefährlich, sich auf eine solch tröstliche Schlussfolgerung zu verlassen. Die Wahrscheinlichkeit, gerade im Verteidigungsfall durch den Adrenalinschub, die fremde Umgebung und den sehr starken Stress handlungsunfähig zu sein, ist sehr viel größer als der umgekehrte Fall.

Das *Selbstbild des Verteidigers* muss so geartet sein, dass er sich als potenziell gefährlichen Menschen begreift. Es nützt nichts, im Dojang ein „Trainingsweltmeister" zu sein, in einer vertrauten Umgebung also, wenn dieser Zustand nicht unter Straßenbedingungen aufrechterhalten werden kann. Überspitzt formuliert soll die eigene Perspektive die eines Raubtiers sein, nicht die eines Opfers.

Der Verteidiger muss seinen mentalen Fokus auf seine Stärken richten, nicht auf seine Schwächen. Dazu gehört auch, sich nicht als den „Meister der 1.000 Griffe" zu verstehen, sondern sich auf eine Hand voll Techniken zu beschränken, die multifunktionell, also nahezu in jeder Lage, angewendet werden können.

Der Angreifer stellt in diesem Bedingungsgefüge ein feindliches System mit bestimmten Kennwerten (Reichweite, Aggressivität, Bewaffnung usw.) dar, nicht mehr! Er wird entpersonalisiert. Auch Spekulationen, wie er so geworden und was sein Anlass zur Feindseligkeit ist, sind vielleicht aus humaner Sicht sehr löblich, tragen jedoch nicht zur Bereinigung der Situation bei und sind daher kontraproduktiv.

Wer einen Legitimationszwang bei Gewaltanwendung in bedrohlichen Situationen verspürt, sollte sich vor Augen führen, dass er es mit einem Kriminellen zu tun hat, der sich nicht an die Gepflogenheiten zivilen Umgangs miteinander hält und darüber hinaus bewusst terrorisiert oder schädigen will.

Nach diesen einführenden Überlegungen kommen wir nun zu den Dingen, die jeder, der an realistischer Selbstverteidigung interessiert ist, *vor* einer Ernstfallsituation im stillen Kämmerlein für sich geklärt haben sollte. Der Verteidiger muss für sich die *eigenen Grenzen festsetzen*, d. h., er muss sich darüber klar werden, was er gegebenenfalls bereit ist, über sich ergehen zu lassen und ab wann er unbedingt aktiv wird. Wie sind darüber hinaus seine *Distanzschwellen*? Ab welcher Distanz ist es möglich, als Erster zuzuschlagen bzw. zu treten, auf welche Distanz ist es zu spät? Ein weiterer Punkt ist der *Grad seiner Entschlossenheit,* mit der er sich wehren will (*Killerinstinkt*). Es kann nicht genug betont werden, dass diese Fragen schon vorher beantwortet sein müssen, da in einer Selbstverteidigungssituation keine Zeit bleibt, sich damit auseinander zu setzen!

Zu dieser *mentalen Vorbereitung* im Vorfeld gehört auch die *Visualisierung bedrohlicher Situationen.* Dies kann aus der Perspektive eines unbeteiligten Dritten geschehen, wobei man sich selbst in der Selbstverteidigungssituation agieren sieht und man die Situation mit sich selbst als handelndem und erfolgreichem (!) Ich erlebt.

In dieses Mentaltraining sollen auch *formelhafte Vorsätze* (z. B.: „Ich kontrolliere die Situation." o. Ä.) und *Triggersätze* bzw. *Triggerworte* als auslösende Elemente für eigene Aktionen integriert werden. Diese Trigger (= Auslöser) können sowohl als Lenkung als auch als Selbstbefehle aufgefasst werden.

Das realitätsnahe Training (je nach Gegebenheiten mit Schutzausrüstung) stellt die Umsetzung der vorher erläuterten Schritte in die Praxis dar. Geeignete Maßnahmen sind:

- Training in Alltagskleidung.
- Training unter eingeschränkten Sichtverhältnissen.
- Training bei unterschiedlichen Bodenverhältnissen.
- Training unter Zeitdruck.
  - Aufstellung im Kreis, Verteidiger steht in der Mitte.
  - Aufstellung in einer Reihe, Angriffe in schneller Folge nacheinander.
- Training der einen unwiederbringlichen Gelegenheit, d. h., der Verteidiger hat nur eine Chance, seine Kontertechnik ins Ziel zu bringen.

Zur Einbeziehung der Vorkampfphase empfiehlt es sich, *Rollenspiele* ins Training einzubauen. Dazu gehören auf Seiten des Angreifers verbale Manöver wie Beschimpfungen, ablenkendes Sprechen u. Ä. Der Verteidiger spricht in deeskalierender Weise, wird laut und bestimmt. Triggerworte und Technik werden als Einheit trainiert. Mimik und Gestik, die die Bereitschaft zur sofortigen Aktion maskieren, müssen im Training als wichtige Elemente begriffen werden, damit die Vorbereitung auf den Ernstfall möglichst realitätsnah und effektiv erfolgen kann.

3.5 Die fünf Distanzen der Selbstverteidigung

Jeder reale Kampf kann – muss aber nicht! – über die folgenden fünf Distanzen gehen. Auf Grund der Kürze einer durchschnittlichen Auseinandersetzung in der Selbstverteidigung (weniger als 10 Sekunden) spielen sich die Aktionen der Kontrahenten zumeist in 1-3 dieser Distanzen ab. Jedoch bildet das Distanzenkonzept ein wertvolles Hilfsmittel, um Stärken und Schwächen des eigenen Kampfkunststils als auch der eigenen Person einschätzen zu können. Damit bietet sich die Möglichkeit, einer gewissen Routine vorzubeugen und Schwächen gezielt und systematisch auszugleichen. Zu diesen fünf Distanzen gehören im Einzelnen:

Neutraldistanz

Keiner der beiden Kontrahenten ist in der Lage, seinen Gegner mit einer Technik zu erreichen. Hier sind es vor allem psychische Methoden, die zum Einsatz kommen (Mimik, Körpersprache, Einsatz der Stimme, deeskalierendes Verhalten). Auf Seiten des Angreifers geschieht hier das „Aufschaukeln" (systematischer Adrenalinaufbau) vor dem eigentlichen Angriff. Diese Phase kann aber auch komplett fehlen!

Trittdistanz

Ohne vorbereitende Schritte können Tritte ausgeführt werden. Unauffällige Positionierung und erhöhte Wachsamkeit des Verteidigers sind vonnöten, um nicht kalt erwischt zu werden.

Faustdistanz

Gerade Faustangriffe und Schwinger sind die bevorzugten Angriffe auf dieser Distanz. Der Verteidiger muss bereit sein, die Distanz, je nach Aktion, direkt zu verkürzen oder auch zu verlängern.

Nahdistanz

In dieser Distanz ist die optische Kontrolle der Situation nahezu ausgeschaltet. Greifen, Werfen, Knie- und Ellbogentechniken sowie Haken werden in dieser Distanz ausgeführt.

Boden

Durch die Erfolge der brasilianischen Jiu-Jitsus in Kämpfen, in denen Vertreter unterschiedlicher Kampfstile gegeneinander antraten, ist die Aufmerksamkeit auf den Wert effektiver Bodenarbeit gelenkt worden. Auch wenn es nicht erstrebenswert ist, während einer Selbstverteidigungssituation auf den Boden zu gehen (vor allem gegen mehrere Gegner), so lässt es sich im Sinne einer ganzheitlichen Kampffähigkeit nicht umgehen, sich mit Grundprinzipien der Selbstverteidigung am Boden zu beschäftigen. Betrachten wir einige der in Deutschland betriebenen Kampfkünste auf ihre Stärken der Selbstverteidigung hin, so lässt sich folgende Matrix aufstellen:

Kampfstil/Distanz	Neutraldistanz	Trittdistanz	Faustdistanz	Nahdistanz	Boden
Taekwondo	–	++	+	–	–
Karate	–	++	+	+	–
Judo	–	–	–	+++	+++
Aikido	–	+	++	+	+
Jiu-Jitsu	–	+	++	++	(++)+
Muay Thai	–	+++	++	+++	–
Wing Tsun	+++	+	++	+++	+
Ringen	–	–	–	+++	++
Boxen	–	–	+++	++	–
Kickboxen	–	+++	+++	+	–

***Tabelle 2:** Stärke der Selbstverteidigung verschiedener Kampfkünste*

Diese Aufstellung beansprucht keine objektive Gültigkeit, sondern entspringt der persönlichen Einschätzung der Autoren. Deshalb im Voraus eine Entschuldigung an alle, die sich auf den Schlips getreten fühlen und gerne ein Kreuzchen mehr in der einen oder anderen Kategorie sehen würden. Diese Matrix zeigt bei aller Subjektivität Tendenzen auf, die es im Hinblick auf eine effektive Selbstverteidigungsfähigkeit zu beachten gilt.

Mit der Versportlichung des Taekwondo ist im Hinblick auf die Kampffähigkeit in der Selbstverteidigung hauptsächlich eine Reduzierung im Bereich der Haupttechniken und der Nahkampftechniken allgemein erfolgt. Am Boden zu kämpfen, haben die meisten Taekwondoka nicht gelernt, es sei denn, sie betreiben parallel zum Taekwondo Judo oder eine andere Kampfkunst mit Bodenkampfanteilen.

Aus den aufgezeigten Defiziten der Kampfkunst Taekwondo, so, wie sie heutzutage in den meisten Dojangs betrieben wird, ergibt sich für den ernsthaft an realistischer Selbstverteidigung interessierten Taekwondoka die Notwendigkeit, sein Taekwondo mit fachfremden Elementen aus anderen Budokünsten anzureichern. Doch sind diese Elemente wirklich so fremd für das Taekwondo, wie es heute erscheinen mag? Ein Blick in das Buch von General CHOI HONG HI in der Ausgabe von 1965 zeigt, dass Elemente wie Würfe und Hebel durchaus enthalten sind! Die Entwicklung des Taekwondo seit Gründung der WTF im Jahre 1973 zum olympischen Sport im Jahre 2000 hat jedoch diese selbstverteidigungsbezogenen Techniken in den Hintergrund gedrängt oder in Vergessenheit geraten lassen.

Die Empfehlung, sein Taekwondo mit Elementen aus anderen Budokünsten zu komplettieren, ist somit nichts anderes, als sich auf die Wurzeln des Taekwondo als Kampfkunst zu besinnen und wieder ganzheitlicher zu trainieren. Sie beinhaltet auch nicht, die anderen Budokünste zur Gänze zu studieren. Das wäre schon aus zeitlichen Gründen unmöglich. Aber eine Auswahl bestimmter Techniken, die in diesem Buch vorgestellt werden, ergänzen das eigene taekwondospezifische Technikrepertoire auf sinnvolle Weise und lassen die Selbstverteidigung effektiver und holistischer werden!

3.6 Die Positionierung des Verteidigers in Bezug zum Angreifer

Die klassische Zuordnung der Angriffsstufen (***Olgul, Momdong, Arae***) reicht für die Selbstverteidigung nicht aus. *Aus der Sicht des Verteidigers* empfiehlt es sich, den Körper des Angreifers in Vertikalzonen zu unterteilen, um ein geistiges Modell über Vor- und Nachteile von Positionen in Bezug zum Angreifer zu gewinnen.

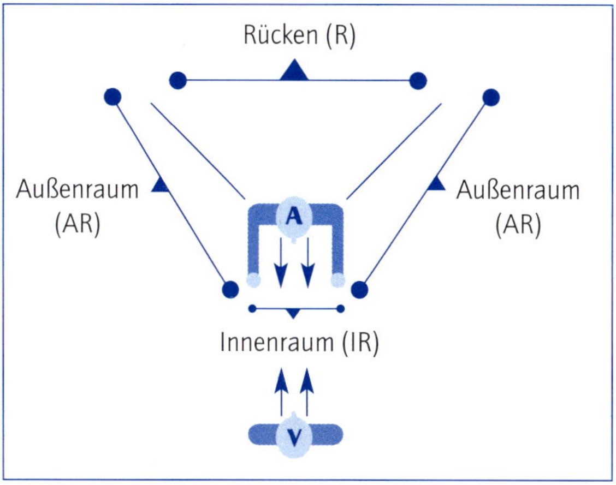

Grafik 2: Blick aus der Vogelperspektive auf Angreifer (A) und Verteidiger (V)

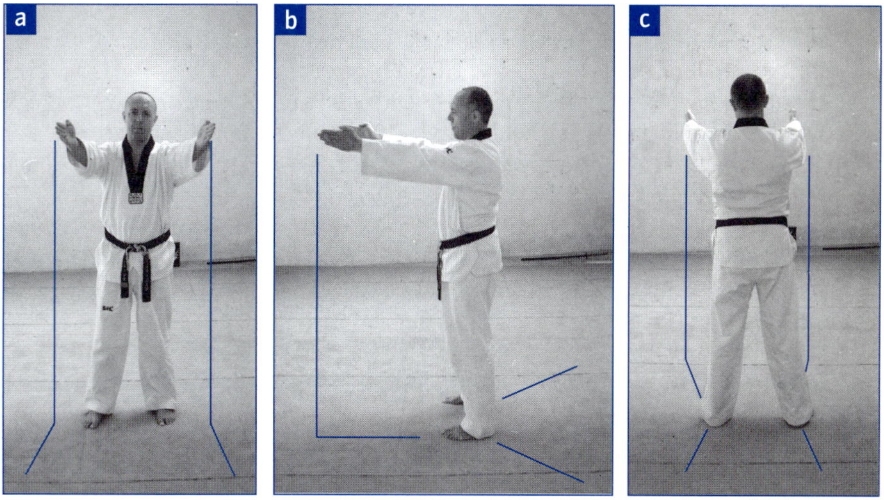

Bild 1a-c

Der Verteidiger sollte im Ernstfall die Außenraumpositionen oder – optimal – die Position im Rücken des Angreifers anzustreben versuchen. Der Angreifer

- kann dadurch gut kontrolliert werden.
- ist in seinen Möglichkeiten eingeschränkt.

Steht der Verteidiger im rechten Außenraum (rechter AR), ist für den Angreifer der Einsatz des linken Arms und Beins nicht mehr oder nur noch eingeschränkt möglich. Der Verteidiger befindet sich außerdem am Rande des Gesichtsfeldes, was die Wahrnehmung von Konteraktionen einschränkt. Die Position im Rücken bietet den Vorteil, empfindliche Partien des Angreifers attackieren zu können (Hinterkopf, Nacken, Wirbelsäule, Genitalien, Knie, Achillessehne), ohne dass er es wahrnimmt.

Eine Abwehr im Innenraum des Angreifers ist problematisch, da sich der Verteidiger in der Reichweite aller vier Extremitäten befindet und – je nach Distanz – auch für Kopfstöße erreichbar ist. Eine Abwehr im Innenraum sollte immer mit einem *gleichzeitigen Gegenangriff* verbunden werden, um den Angriffsaufbau im Ansatz zu stören. Wenn möglich, sollte der Verteidiger in den Außenraum oder in die Position im Rücken des Angreifers wechseln.

3.7 Taktisches Verhalten in den Vertikalzonen

Jede der vorher geschilderten Vertikalzonen bedingt ein eigenes taktisches Verhalten, da das Bedrohungspotenzial unterschiedlich groß ist.

- Die für den Verteidiger gefährlichste Vertikalzone ist der Innenraum, da der Verteidiger sich innerhalb der Reichweite aller Angriffswaffen des Gegners befindet (Arme, Beine, Kopf). Richtiges taktisches Verhalten beinhaltet, dass *Abwehr- und Kontertechnik gleichzeitig* erfolgen, um den Gegner am weiteren Angriffsaufbau zu hindern. Werden Abwehr und Gegenangriff nacheinander ausgeführt, kann der Gegner den Verteidiger leicht treffen. Durch geeignete Maßnahmen sollte der Verteidiger so bald als irgendwie möglich in den Außenraum gelangen.

Bild 2a-f

- Wenn es dem Verteidiger gelingt, in den Außenraum zu kommen, hat es der Angreifer nun sehr schwer, die gegenüberliegende Körperseite einzusetzen. Das Ziel einer solchen Aktion besteht in einer Positionierung im Winkel von ca. 45-90° zur Angriffslinie. Ein weiterer Vorteil liegt darin, dass sich der Verteidiger an den Rand oder sogar außerhalb des peripheren Gesichtsfeldes des Angreifers begibt und dadurch die Abwehr seiner Gegenangriffe schwer bis unmöglich macht.

Bild 3a-f

Bild 3g: *Nach dem Niederwurf des Gegners erfolgt eine Kontrolle seines linken Arms durch das linke Knie des Verteidigers.*

Bild 3h-i

Bild 4a: *Kontaktaufnahme (Abwehr im Innenraum).*
Bild 4b: *Schaufelbewegung => dadurch Positionierung im Außenraum.*
Bild 4c: *Kontrolle der Außenseite des Ellbogens.*
Bild 4d: *Kombinierte Ellbogen-Nacken-Kontrolle.*
Bild 4e: *Abschließende Knietechnik.*

- Gelangt der Verteidiger in den Rücken des Angreifers, so ist eine visuelle Kontrolle der Situation durch den Gegner nicht mehr möglich. Eine Gefahr droht dem Verteidiger in dieser Situation durch wildes Umsichschlagen und -treten des Angreifers. Eine Hand kontrolliert und stört deshalb, während die andere schlägt. Bevorzugte Ziele sind in dieser Situation der Hinterkopf, der Nacken, die Wirbelsäule, die Nieren, die Genitalien und die Knie.

Grundsätzlich gilt für alle Zonen, dass mehrere Ebenen attackiert werden, entweder zeitlich versetzt oder gleichzeitig.

Jeder Impuls auf der einen Ebene schafft Lücken auf einer anderen.

Für die Selbstverteidigung ist es wichtig, die natürlichen Schutzreflexe von Menschen zu kennen, sie zu antizipieren und kompromisslos auszunutzen!

3.8 Besondere Körperhaltungen und Positionen des Angreifers

Im Taekwondowettkampf stehen sich zwei Kontrahenten gegenüber. Fällt der Gegner oder liegt er am Boden, so zieht das normalerweise den Automatismus nach sich, dass nicht mehr nachgetreten oder -geschlagen wird.

Im Handlungssystem Selbstverteidigung geht es im Gegensatz dazu darum, die Chancen zur Lösung der Situation, die ein fallender oder am Boden liegender Angreifer bietet, auch auszunutzen.

In der Selbstverteidigung wird der Verteidiger darüber hinaus mit Positionen bzw. Körperhaltungen des Angreifers konfrontiert, die im regulären Taekwondotraining nicht gebräuchlich sind und deshalb mit besonderer Sorgfalt behandelt werden müssen.

3.8.1 Geduckte, vorgebeugte Haltung

Es handelt sich hierbei um eine Körperhaltung, wie sie von Ringern, Judoka und Rugbyspielern eingenommen wird. Das angemessene taktische Verhalten besteht darin, aus der direkten Angriffslinie in den Außenraum auszuweichen und von dort den Gegenangriff zu starten.

Bild 5a

***Bild 5b:** Seitliches Herausgehen aus der direkten Kampflinie bei gleichzeitiger Distanzkontrolle.*

Bild 5c-e

Achtung: Durch die geduckte Haltung nicht dazu verführen lassen, aus der Angriffslinie zu treten, da speziell Ringer darauf trainiert sind, das Bein zu fassen und ihr Gegenüber zu Boden zu bringen.

3.8.2 Kniende Positionen

Nach einem Fehler oder einem Stolpern kann es dazu kommen, dass der Angreifer sich im Kniestand wiederfindet:

- Auf einem Knie.

Bild 6a: *Schienbeinblock gegen eine Low-Kick-Attacke links.*
Bild 6b: *Kombinierte Ellbogen-Nacken-Kontrolle.*
Bild 6c: *Störung des Gleichgewichts durch inneren Fußfeger.*

Bild 6d-g

- Auf beiden Knien.
- In der Bank mit aufgestützten Händen.

Bild 7a-d
Bild 7e: *Das linke Knie des Verteidigers kontrolliert den aufgestützten Arm des Angreifers, um einen weiteren Angriff zu verhindern.*

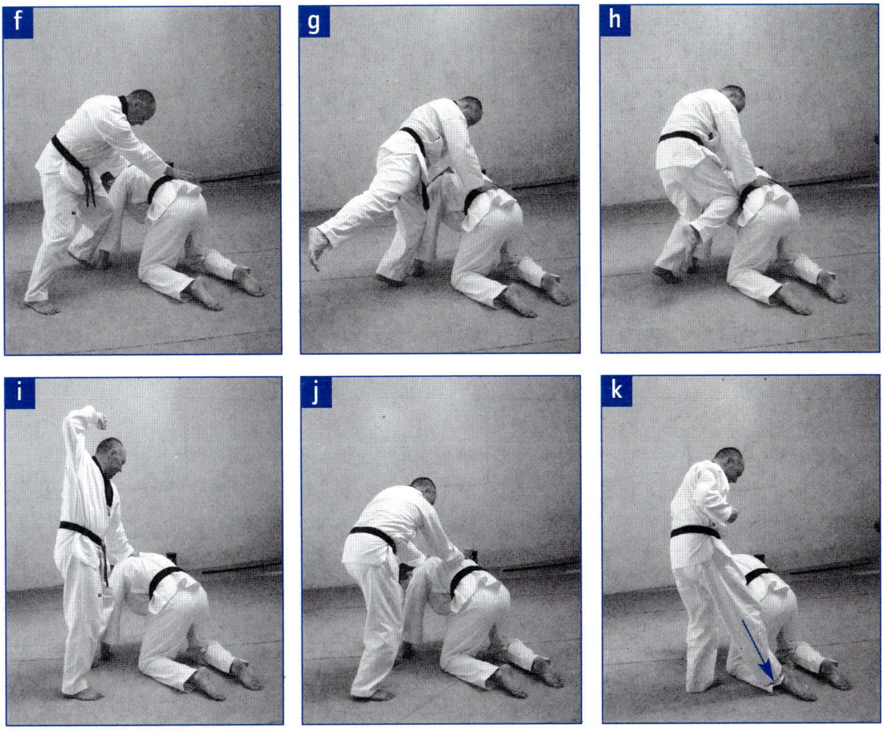

Bild 7f-j
***Bild 7k:** Stampftritt zum Fußknöchel/zur Achillessehne des Angreifers.*

Für den Verteidiger besteht die Notwendigkeit, die Kontrolle über die Situation zu behaupten, da für den Angreifer aus dieser Position eventuell noch ein Angriff auf die Genitalien möglich ist.

3.8.3 Der Angreifer ist zu Boden gegangen

Hierbei unterscheiden wir folgende Situationen:

- Seitlage.
  - Vorderseite zum Verteidiger gewandt.
  - Rücken zum Verteidiger.

Bild 8a-d
Bild 8e: *Kontrolle mit dem Knie, die rechte Körperseite des Gegners wird dadurch festgelegt.*
Bild 8f-h

- Rückenlage.

Bild 9a-g
Bild 9h: *Schienbeintritt in die Niere.*

- Bauchlage.

Bild 10a
Bild 10b: *Der Gegner wird durch ein Einhängen mit dem rechten Bein in die Bauchlage gebracht.*
Bild 10c: *Kontrolle durch Unterarmriegel auf der Schulterachse und eigenes Körpergewicht.*
Bild 10d: *Ellbogenschlag zum Hinterkopf.*
Bild 10e
Bild 10f: *Doppelter Handballenstoß zum Hinterkopf.*
Bild 10g: *Nachfassen nach dem Handballenstoß, Kopf anheben und zu Boden stoßen.*

Wenn der Gegner sich in der Bodenlage befindet, kann und muss der Verteidiger seine Knie zur Kontrolle einsetzen und den Angreifer fixieren und am Schlagen hindern. Falls möglich, ist der „diagonale Arm" (siehe Kapitel 6.4 „Verteidigung am Boden") zur Festlegung des Gegners am Boden anzuwenden. In dieser Kontrollsituation werden dann kampfentscheidende Techniken geschlagen/getreten.

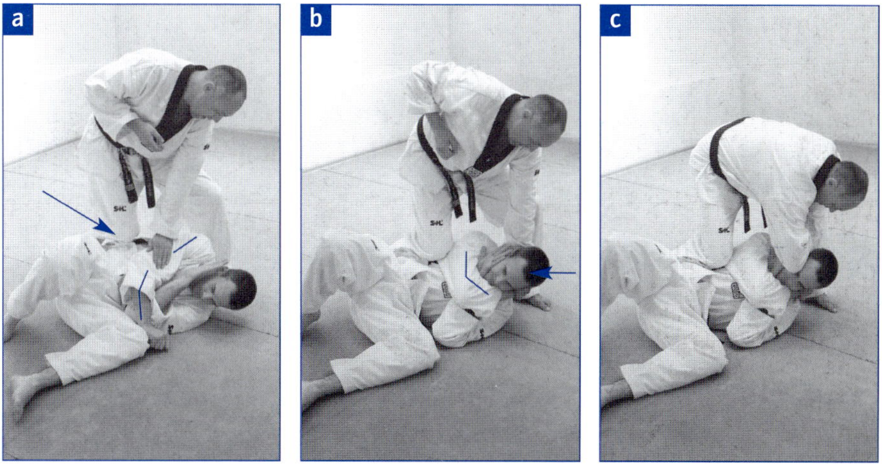

Bild 11a: *Doppelkontrolle durch Knie und diagonalen Arm.*
Bild 11b: *Variation des diagonalen Arms.*
Bild 11c

3.9 Die Phasen einer Selbstverteidigungsaktion

Das Phasenkonzept stellt – genauso wie das Konzept der Kampfdistanzen – eine Strukturierungshilfe für Lehrer und Aktive dar, mit dessen Hilfe Aktionen analysiert und auf ihre Vollständigkeit, Effektivität und Machbarkeit überprüft werden können. Während beim Distanzenkonzept die räumlichen Parameter von zentralem Interesse sind, bezieht sich das Phasenkonzept auf die zeitliche Abfolge einer Selbstverteidigungsaktion. Es ist nicht so zu verstehen, als ob in jeder Selbstverteidigungsaktion zwingend alle Phasen durchlaufen werden, es kommt teilweise zum Überspringen von Phasen und zur Überlappung. Im Training sollte jedoch Wert darauf gelegt werden, *alle* Phasen zu durchlaufen, um sinnvolle Reaktionsmuster einzuschleifen und im Unterbewusstsein zu verankern. Diese Phasen sind im Einzelnen:

Vorkampfphase

In dieser Phase kommen stimmliche, mimische sowie Mittel der Körperhaltung zum Einsatz und zwar auf Seiten des Angreifers als auch des Verteidigers. Wird diese Phase vom Angreifer nicht übersprungen, so besteht hier für den Verteidiger die Möglichkeit, deeskalierend durch den Einsatz oben genannter Mittel zu wirken. Im Training sollten deshalb *Rollenspiele* als Bestandteil des Selbstverteidigungstrainings zum Einsatz kommen (vor allem in der Frauenselbstverteidigung!). Zu trainieren ist hier insbesondere das *richtige Timing* für weiterführende Aktionen und das *Distanzgefühl für das Überschreiten der persönlichen Distanzschwelle* durch den Angreifer. An dieser Stelle ist anzumerken, dass es im Interesse eines Kampfkünstlers liegen sollte, für sich diese Punkte wie das richtige Timing einer Selbstverteidigungsaktion, die persönliche Distanzschwelle sowie entsprechende Kompromisslosigkeit bei Gegenaktionen festzulegen und nach Möglichkeit auch immer wieder mental durchzuspielen. Diese Aufgaben müssen *vor* dem Ernstfall erledigt sein, anderenfalls nützt auch die beste Technik nichts, wenn die Situation durch ihre Bedrohlichkeit und ihr überraschendes Auftreten zur Blockierung erlernter Selbstverteidigungsmuster führt. Bestimmte Situationskonstellationen müssen zwingend als *Trigger*, d. h. als Auslöser eigener Aktionen, wirken, um nicht einfach überrollt zu werden. Die psychologischen Bewältigungsmechanismen sind in der Selbstverteidigung als höherwertiger einzustufen als im Wettkampf, da die Situation komplexer, sehr viel unübersichtlicher, ungewisser und insgesamt der Einsatz höher ist.

Kontaktaufnahmephase

In dieser Phase kommt es entweder zur (versuchten) Kontaktaufnahme durch den Angreifer durch Schläge, Tritte und/oder Greifen oder (präventive) Kontrolltechniken des Verteidigers.

Diese beiden vorgestellten Phasen gehen meistens fließend ineinander über. Die Kontrolltechnik/Abwehr des Verteidigers sollte mit der

Positionierungsphase

verbunden sein. Positionierung bedeutet in diesem Zusammenhang, dass der Verteidiger durch entsprechende Stepps oder andere Maßnahmen an den Rand des peripheren Gesichtsfeldes des Angreifers gelangt, d. h. an die Seite oder in den Rücken des Angreifers. Daran schließt sich die

Kontrollphase

an, in der die eigentlichen Selbstverteidigungstechniken (Schläge, Tritte, Würfe, Hebel u. a.) zum Einsatz kommen. Das Ziel dieser Phase besteht darin, die

Abschlussphase

vorzubereiten. Intention dieser Phase ist entweder die *Kampfunfähigkeit des Angreifers* durch Neutralisation (z. B. durch Hebel, Kontrollgriffe), K. o. oder – im schlimmsten Fall – Verletzung oder Tod des Angreifers oder die *Möglichkeit wegzulaufen* (eindeutig die bessere Alternative, schon aus rechtlichen Gründen!).

Idealtypisch werden im Selbstverteidigungstraining alle fünf Phasen durchlaufen (!). Aus methodischen Gründen wird es oft notwendig sein, sich auf einen Ausschnitt der gesamten Handlungskette zu konzentrieren, um die Aktiven nicht zu überfordern und Akzente zu setzen, doch muss diese Struktur immer als unvollständig dargestellt werden und die Wichtigkeit der vollständigen Handlungskette den Aktiven präsent sein. Betrachtet man das Selbstverteidigungstraining unter dem Phasenkonzept, so fällt auf, dass meist nach der Kontrollphase beendet wird, ohne dass die Abschlussphase angeschlossen wird, oder dass mit erheblicher Eigengefährdung vorgegangen wird, weil Kontaktaufnahme und Positionierung nicht exakt vorgenommen werden. Ein weiterer Kritikpunkt liegt im Transfer von Wettkampftechniken in eine Selbstverteidigungssituation, der aber ohne eine Modifikation der Techniken nicht sehr wirksam ist.

4 Ziele erster und zweiter Ordnung

Als *Ziele erster Ordnung* werden die Körperregionen bezeichnet, bei denen durch Trefferwirkung K. o., Verletzung oder Tod hervorgerufen werden (Beispiele: Schläfe, Kehlkopf, Hoden). Ein Treffen dieser Ziele ist also zumeist kampfentscheidend. Ein direktes Anzielen dieser Zonen wird jedoch dadurch erschwert, dass Schutzreflexe existieren, die bei Gefahr zum Einsatz kommen. Durch *Aufmerksamkeitslenkung* ist es jedoch möglich, diese Schutzreflexe zu umgehen. Diese Aufmerksamkeitslenkung ist durch das Anvisieren von so genannten *Zielen zweiter Ordnung* zu bewerkstelligen. Das Treffen dieser Ziele hat keinen kampfentscheidenden Charakter, verursacht jedoch Schmerzen und lenkt daher von den Zielen erster Ordnung ab, die dann ohne die Aktivierung von Schutzreflexen getroffen werden können.

Ziele erster Ordnung sollten in erster Linie angegriffen werden, wenn eine bedrohliche Situation vorliegt, die anders nicht zu lösen ist. Ziele zweiter Ordnung werden nur attackiert, wenn ein Zugriff auf Ziele erster Ordnung nicht direkt möglich ist und ein Zugang auf diese erst geschaffen werden muss.

Ziele erster Ordnung

Kopf

1. Augen

Bild 12

2. Adamsapfel

Bild 13

3. Nase

Bild 14

4. Ohr

***Bild 15:** Wenn die Ohren gefasst sind, werden sie gegenläufig gedreht.*

Arm

5. Ellbogen

Bild 16a

***Bild 16b:** Arm in die Streckung ziehen.*

6. Finger/Handrücken

Bild 17a-b

Bild 18a

Bild 18b: *Mit der Mittelknöchelfaust wird auf den Handrücken geschlagen.*

Rumpf

7. Solarplexus
8. Leber

Bild 19

Bild 20a

***Bild 20b:** Leberhaken.*

***Bild 20c:** Der Gegner wird gefasst und kontrolliert.*

***Bild 20d:** Kniestoß in die Leber.*

9. Nieren

Bild 21a b
Bild 21c: Hammerfaustschlag in die Niere ...
Bild 21d: ... direkt gefolgt von einem Ellbogenschlag.

Unterleib

10. Hoden

Bild 22a-c

__Bild 23a:__ Diagonalstepp aus der direkten Kampflinie heraus.
__Bild 23b:__ Stampftritt zum Kniegelenk.
__Bild 23c:__ Störung des gegnerischen Gleichgewichts.
__Bild 23d:__ Abschluss durch Schienbeintritt zu den Hoden.

Bein

11. Knie

Bild 24a-b

Bild 25: Kombinierte Gegenwehr mit Stopptritt zum Knie und gleichzeitigem Fingerstich zum Auge.

12. Fußknöchel/Achillessehne

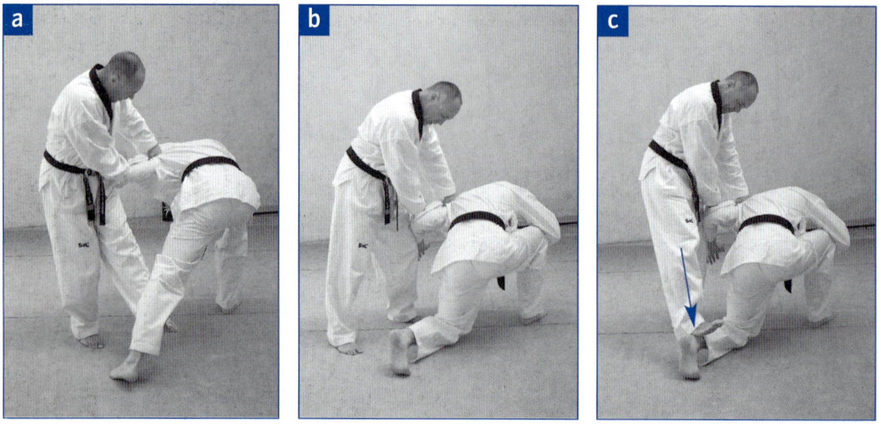

Bild 26a: Innenfußfeger.
Bild 26b
Bild 26c: Stampftritt zum Fußknöchel/zur Achillessehne.

Wird der Angreifer verletzt, ist diese Verletzung weiter konsequent anzugreifen!

Ziele zweiter Ordnung

1. Zehen/Fußspann

Bild 27a-c

2. Schienbein

Bild 28a-c

3. Innenseite Oberschenkel

Bild 29a-c

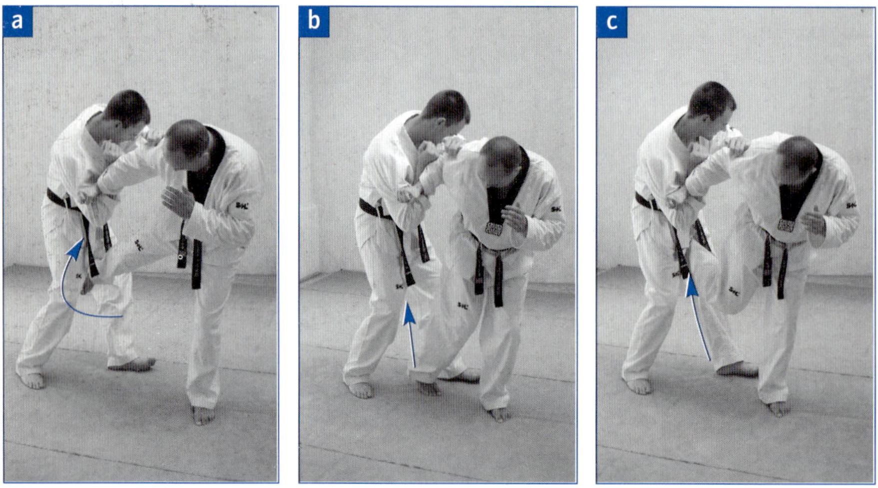

Bild 30a: *Hakentritt zur Innenseite des gegnerischen Oberschenkels.*
Bild 30b: *Ferse des Trittbeins zeigt zwischen die Beine des Gegners.*
Bild 30c: *Hochreißen des Trittfußes zum Genitalbereich des Angreifers.*

4. Flanken

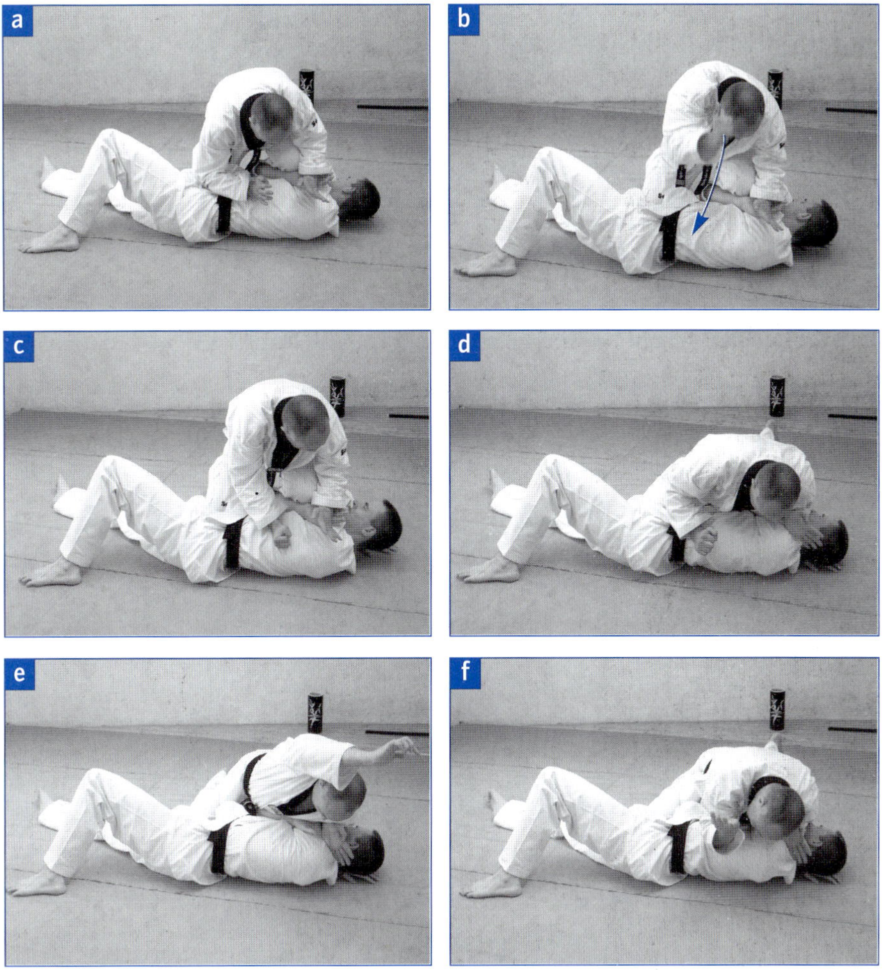

Bild 31a: Blockieren der Körperseite des Gegners.
Bild 31b: Ausholbewegung.
Bild 31c: Hammerfaust in die Rippen.
Bild 31d: Belasten und Kontrollieren des Gegners am Boden.
Bild 31e
Bild 31f: Ellbogenschlag in die Rippen.

5. Ellbogengelenk

Bild 32a
Bild 32b: *Durch einen Schlag auf den Ellbogen erfolgt eine Überstreckung des Gegners.*
Bild 32c: *In diese Überstreckung wird ein Haken auf die Niere geschlagen.*

6. Schultern

Bild 33a: *Der Schlag auf die Schulter öffnet den Angriffsweg für den entscheidenden Haken zum Kopf.*
Bild 33b-c

Das wichtigste Unterscheidungsmerkmal zu den Zielen erster Ordnung besteht darin, dass mit Treffern zu diesen Zielen bewusst nur Lücken für entscheidende Treffer geschaffen werden.

5 Unterteilung der Selbstverteidigungselemente nach ihrer Funktion

Die Elemente zur Optimallösung einer Selbstverteidigungssituation stehen nicht gleichwertig nebeneinander, sondern erfüllen verschiedene Funktionen. Eine Unterteilung der Selbstverteidigungselemente nach ihrer Funktion entspringt nicht einer unbändigen Theorielastigkeit der Autoren, sondern sie dient dazu, mehr Klarheit über die Abhängigkeit einzelner Aktionen *voneinander* (Aspekt der zeitlichen Reihenfolge) als auch *untereinander* (Aspekt des gleichzeitigen Auftretens) zu erreichen. Definiert man als das Ziel einer Selbstverteidigungsaktion die Kampfunfähigkeit des Angreifers durch Neutralisation (z. B. durch Hebel, Festlegegriff), K. o. oder Verletzung, so erfüllen die Techniken, die letztendlich dieses Ziel ermöglichen, eine *Hauptfunktion* (HF). Beispiele sind: Tritt in den Unterleib, Festlegehebel am Boden, Ellbogen zur Schläfe u. a. m. Techniken, die zur Vorbereitung einer kampfentscheidenden Aktion dienen (Störung des Gleichgewichts, Applikation von Schmerzen, Täuschung, Überlisten, Lösen vom Angreifer), die für sich allein aber *keine kampfentscheidende Wirkung* haben, sind *Techniken mit unterstützender Funktion* (UF). Daneben existieren *Selbstverteidigungselemente nichttechnischer Natur*, die eine *Nebenfunktion* (NF) erfüllen (Kihap, Mimik, Körperhaltung, selbstbewusstes Auftreten, Verschleierung der Verteidigungsbereitschaft durch begriffsstutziges Verhalten u. a. m.). Diese Unterteilung hilft, die eigene Selbstverteidigungshandlungskette zu strukturieren. Den Schülern wird so deutlich, warum sie etwas machen und so erkennen sie eher Schwachstellen in ihren Selbstverteidigungshandlungen.

Grafisch dargestellt, könnte das so aussehen:

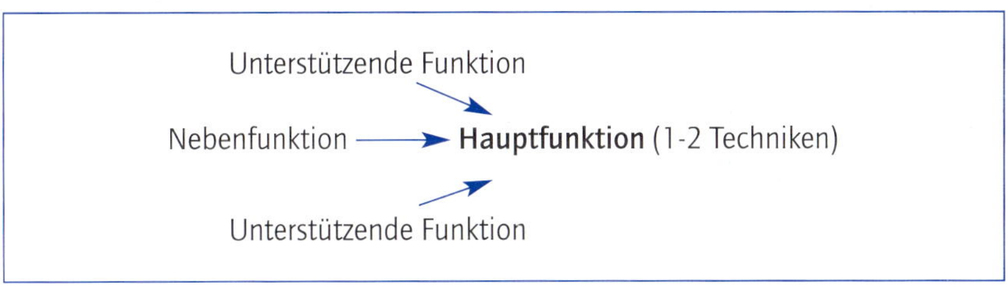

Grafik 3

Meistens gehen 1-2 Techniken mit Unterstützungsfunktion der Hauptfunktionstechnik voraus oder werden gleichzeitig ausgeführt, um die Wirkung der Hauptfunktionstechnik zu ermöglichen oder zu verstärken.

6 Kampfdistanzen

6.1 Ausgewählte Beispiele für die Selbstverteidigung auf Trittdistanz (= lange Distanz, lD)

Die lange Distanz ist so bemessen, dass nur Tritte den Verteidiger erreichen können. Als Angriffe kommen hauptsächlich *tiefe Tritte* in Frage wie der Tritt in den Unterleib und – im Gefolge des *Muay Thais* – Low Kicks zu den Oberschenkeln. Als *Grundregel* für alle Tritte unterhalb der Gürtellinie gilt: *Niemals versuchen, mit den Händen zu blocken!* Erstens wird dadurch die Deckung für den Kopf aufgegeben und zweitens ist die Verletzungsgefahr für Hände und Arme zu groß! Falls keine Möglichkeit zum Ausweichen besteht, ist das Mittel der Wahl der *Schienbeinblock*. Kein angenehmer Gedanke, aber einen Tritt mit dem Unterleib abzublocken, ist auch keine reine Freude! Der Trick besteht darin, einen Tritt möglichst *frühzeitig mit dem Schienbein aufzunehmen*, wodurch ein Großteil der Wucht verpufft. Durch Anwinkeln der Zehen in Richtung Schienbein wird der *vordere Schienbeinmuskel (M. tibialis anterior) angespannt* und führt dadurch zu einem weiteren Abpuffern des Tritts. Der Unterschenkel wird *elastisch gehalten*, sodass nicht Kraft gegen Kraft wirkt. Zur *Gewöhnung der Schienbeine* an die Belastung empfehlen sich folgende Übungen:

6.1.1 Low-Kick-Blöcke

- Beide Partner tragen Schienbeinschoner.
- Nur ein Partner trägt Schienbeinschoner.
- Beide Partner tragen keinen Schienbeinschutz. Kontrollierte, langsame Ausführung der tiefen Tritte. Harte Ausführung nur nach gegenseitiger Absprache. Neben der rein physischen Abhärtung wächst mit der Zeit auch das Vertrauen in die Schienbeine als Abwehrinstrument.
- Schienbeintritte am Sandsack und an den Armpratzen.

Beispiele:

Low-Kick-Block vorderes Bein

- Gegen Außen-Low-Kick.

Bild 34: Geblockt wird mit dem Schienbein. Die Zehen des blockenden Beins zeigen 45° nach außen.

- Gegen Innen-Low-Kick.

Bild 35: Der Block mit dem vorderen Schienbein erfolgt so, dass die Zehen des blockenden Beins 45° nach innen zeigen.

6.1.2 Low-Kick-Drills

***Bild 36a:** Durch die gleichzeitige Aktion zum Hals des Angreifers stört der Verteidiger dessen Gleichgewicht.*
Bild 36b

Bild 37: *Gleichzeitigkeit von Block, Armkontrolle und Angriff zum gegnerischen Kopf.*

Bild 38

Bild 39: *Wenn die Schienbeine noch nicht an die Belastung beim Blocken gewöhnt sind, empfiehlt es sich, Schienbeinschoner zu tragen.*

Bild 40

6.1.3 Beispiele für den Übergang in die nahe Distanz

Bild 41a

Bild 41b: Nach Abwehr des Trittes werden Ellbogen und Nacken des Angreifers kontrolliert.

Bild 41c

Bild 41d: Durch eine Doppelschrittdrehung wird der Gegner in eine Kreisbewegung gezogen, verliert dadurch sein Gleichgewicht und ist hilflos den Abschlusstechniken ausgeliefert.

Bild 41e-f

Bild 41g: Ruckartiges Ziehen des Gegners zu Boden.

Bild 41h-i

Bild 42a: Der Tritt des Gegners wird durch Nachgeben neutralisiert.
Bild 42b
Bild 42c: Kontrolle der Schulterachse durch Griff an die rechte Schulter des Gegners. Zug und Schienbeintritt in die Hoden.
Bild 42d-e

Ein Zurückweichen bei Fußangriffen führt dazu, dass der Verteidiger überrannt wird. Ziel muss es sein, weitere Attacken mit den Füßen so früh wie möglich zu unterbinden!

6.2 Selbstverteidigung gegen Angriffe aus der mittleren Distanz (mD)

Diese Distanz ist dadurch festgelegt, dass der Angreifer den Verteidiger nur mit geraden *Fauststößen* oder *Schwingern* erreichen kann.

6.2.1 Prinzipien der Abwehr von geraden Fauststößen

- *Ablenken* und *Weiterleiten* statt Kollision von Kräften.

Als Grundsatz gilt: Je schneller und stärker der geradlinige Angriff geführt wird, umso geringer ist der Kraftaufwand, um seine Bewegungsbahn zu verändern!

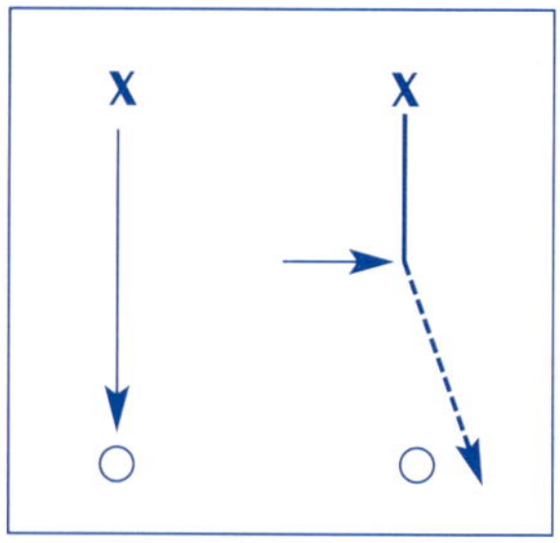

Grafik 4

- Versuche, an die *Außenseite des Angriffs* und/oder *in den Rücken des Angreifers* zu gelangen.

Die Abwehrtechniken aus der Grundschule sind zur Umsetzung dieser Prinzipien ungeeignet, da sie zu langsam sind. Zur Anwendung kommen hier *Handfegerabwehren (Batangson-Makki)*, da sie schnell und gut in Folgetechniken überführbar sind.

Bild 43a: *Frühzeitige Kontaktaufnahme mit dem angreifenden Arm des Gegners.*
Bild 43b: *Ableiten des Angriffs ohne großen Kraftaufwand.*

Bild 44a-c

Anwendungsbeispiele

Bild 45a: *Verlassen der Kampflinie.*
Bild 45b: *Faustkonter aus dem Außenraum.*
Bild 45c: *Verkürzen der Distanz mit einem Ellbogenschlag.*
Bild 45d

Bild 46a: Siehe vorhergehende Serie – andere Perspektive.
Bild 46b-d

Bild 47a
Bild 47b: Durch die Schaufelbewegung nach der Abwehr wird der Gegner leicht gedreht und der Verteidiger gelangt in den Außenraum.
Bild 47c

Bild 48a: Mit einem Doppelblock wird der Faustangriff weitergeleitet.
Bild 48b: Nach dem Hebelansatz wird der Gegner mit einer Körperdrehung zu Boden geführt.
Bild 48c

Bild 49a
Bild 49b: Nach dem Ableiten des Fußangriffs muss direkt der Arm der gleichen Seite am Ellbogen kontrolliert werden, um eine Folgeattacke auszuschließen.
Bild 49c: Handkralle zu den Augen.
Bild 49d: Wurf.

6.2.2 Prinzipien der Abwehr von Schwingern

Schwinger sind weit ausholende, halbkreisförmige, meist völlig unkontrolliert und wild ausgeführte Angriffe.

Durch ihre lange Angriffsbahn entwickeln sie große Wucht, jedoch ist der Angreifer während der Ausführung offen für Gegenangriffe. Durch die weit ausholende Bewegungsbahn befindet sich der Verteidiger automatisch auf der *Innenbahn*, d. h., in der Reichweite beider Arme und Beine. Seitliches Ausweichen ist nicht möglich, es sei denn, es ist mit einem Auspendeln verbunden. Ein rückwärtiges Ausweichen kommt nicht in Frage, da der Verteidiger dann sehr leicht überrannt werden kann.

- *Direktes Vorgehen bei gleichzeitiger Deckungshaltung.*

Durch das direkte Vorgehen befindet sich der Verteidiger nicht mehr im Bereich der größten Kraftentfaltung. Wird er getroffen, hat das keine zerstörerische Wirkung mehr.

- *Gleichzeitiger Gegenangriff.*

Da sich der Verteidiger im direkten Bereich aller Extremitäten des Angreifers befindet, ist es notwendig, unverzüglich einen Gegenangriff zu führen.

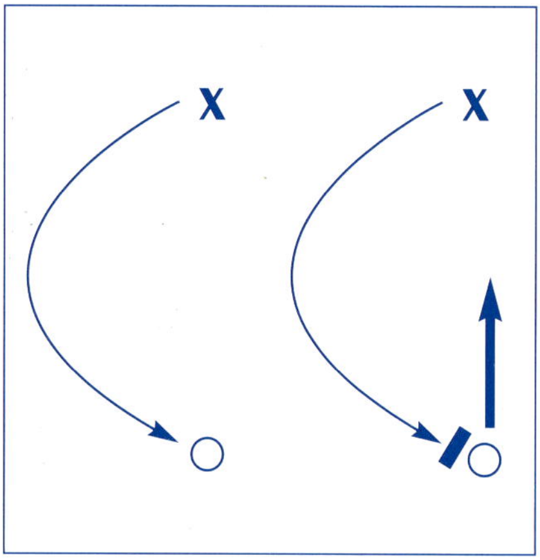

Grafik 5

Anwendungsbeispiele

Bild 50a: *In den halbkreisförmigen Angriff wird die Abwehr schräg nach vorne vorwärts gestoßen. Der Körper des Verteidigers folgt direkt nach.*
Bild 50b: *Handkantenschlag zum Hals.*
Bild 50c
Bild 50d: *Seitliches Herausgehen, Nacken- und Ellbogenkontrolle, Weiterdrehen mit Wurf.*
Bild 50e-f

Bild 51a-k

Bild 52a: *Block und gleichzeitige Handkralle zu den Augen.*
Bild 52b: *Brechen des Gleichgewichts.*
Bild 52c: *Wurfeingang.*
Bild 52d-g

Bild 53a-b
Bild 53c: Augenquetsche.
Bild 53d: Kopfstoß.
Bild 53e-g

6.3 Die Nahdistanz (nD)

In der Nahdistanz spielen sich die meisten Selbstverteidigungsfälle ab, was sich sowohl in der *Anzahl* als auch in der *Vielfältigkeit* der möglichen Angriffe widerspiegelt. Ungeachtet der Bedeutung, die die Beherrschung von geeigneten Selbstverteidigungslösungen für diese Distanz besitzt, bereitet das herkömmliche Taekwondotraining auf die Anforderung der Nahdistanzen am wenigsten vor. Durch die Ausrichtung sehr vieler Vereine auf den sportlichen Wettkampf werden sogar im Gegenteil sehr viele Schutzmechanismen aberzogen (z. B. Deckung des Kopfs). Der realistische Gebrauch der Hände wird durch die fast ausschließliche Orientierung auf die Beintechniken nicht effektiv trainiert. Für die Bewältigung der Aufgaben in dieser Distanz lohnt es, sich Trainingsmethoden und Techniken aus verwandten Disziplinen wie Vollkontaktkarate, Muay Thai, Jiu-Jitsu, Wing Tsun anzueignen und damit das taekwondospezifische Technikrepertoire zu ergänzen. Betrachtet man speziell ältere Taekwondobücher (ich denke da vor allem wieder an CHOI HONG HE, „Taekwon-Do", aus dem Jahre 1965), so erkennt man, dass viele der fachfremden Techniken so fremd gar nicht sind, sondern dass sie einfach *in Vergessenheit geraten sind* oder *nicht selbstverteidigungsbezogen trainiert* werden. Zum Technikfundus für die Nahdistanz gehören unbedingt:

- Kniestöße (zum Oberschenkel, Rumpf, Kopf. Ausführung: vorwärts, halbkreisförmig, im Sprung).
- Ellbogenschläge (halbkreisförmig vorwärts, seitwärts, rückwärts, abwärts).
- Möglichkeiten zur Störung des Gleichgewichts (siehe dort).
- Low-Kicks (Stopptritt, Stampftritt, Schienbeintritt zu den Beinen).
- Kopfstoß (Head Butt).
- Kontrolltechniken (siehe dort).

6.3.1 Ausgewählte Selbstverteidigungsaktionen gegen Angriffe in der Nahdistanz

Diese Aktionen stellen *nicht* die einzig möglichen Arten dar, mit den hier beschriebenen Angriffen umzugehen. Sie stellen aber eine Auswahl dar, nach Gesichtspunkten der *Einfachheit, vielseitigen Anwendbarkeit* und dem *Potenzial, die Bedrohung schnell zu beenden.* Durch die Nahdistanz geht die Übersicht über die Situation schnell verloren, deshalb dürfen nur solche Techniken eingesetzt werden, die hart, ohne Firlefanz und direkt ins Ziel gebracht werden können. Hebel, Festhaltegriffe und Würfe ergeben sich *vielleicht* aus der Situation, können aber nicht direkt angestrebt werden! In Nahdistanzsituationen dürfen auch keine halbherzig ausgeführten Techniken zum Einsatz kommen. Ziel muss es sein, die Auseinandersetzung *so schnell wie nur irgend möglich (und zwar zu eigenen Gunsten!) zu beenden.* Da in der Nahdistanz die Beschleunigungswege für die Techniken sehr kurz sind, muss die maximale Kraftentwicklung auf kurzen Wegen am *Sandsack* und an der *Armpratze* trainiert werden.

Bild 54a: *Der Angriff mit Kopfstoß wird mit einer Handflächenabwehr neutralisiert.*
Bild 54b: *Ellbogenschlag.*
Bild 54c
Bild 54d: *Seitliches Herausgehen aus der Kampflinie.*
Bild 54e: *Abschließender Ellbogenschlag diagonal aufwärts.*

Bild 55a
Bild 55b: *Die rechte Hand hakt unter dem angreifenden Ellbogen hindurch.*
Bild 55c: *Weiterführen des Angriffs.*
Bild 55d: *Die linke Hand übernimmt wieder die Kontrolle des Ellbogens.*
Bild 55e

Bild 56a: *Der Ellbogen des Gegners wird in Richtung eigener rechter Hüfte gezogen.*
Bild 56b: *Gleichzeitig erfolgt eine Kopfkontrolle mit der linken Hand.*
Bild 56c: *Beginn einer Doppelschrittdrehung.*
Bild 56d
Bild 56e: *Kopfkontrolle mit dem Knie/Kniestoß.*
Bild 56f

Bild 57a: *Würgeangriff des Gegners von vorne, Kontrolle und Festlegung des rechten gegnerischen Handgelenks mit gleichzeitigem Fingerspitzenstoß zum Auge.*
Bild 57b: *Beginnende Körperdrehung aus der Angriffslinie.*
Bild 57c: *Verlängerung der Diagonale rechter Arm – linkes Bein durch einen Stopptritt zum inneren linken Knie des Gegners. Dadurch wird der zu hebelnde Arm gestreckt und der Hebel kann durchgeführt werden.*
Bild 57d: *Störung des Gleichgewichts durch Hebel mit der Schulter/Oberarm.*
Bild 57e: *Ausführung des Streckhebels.*
Bild 57f: *Festlegung mit dem Knie am Boden.*

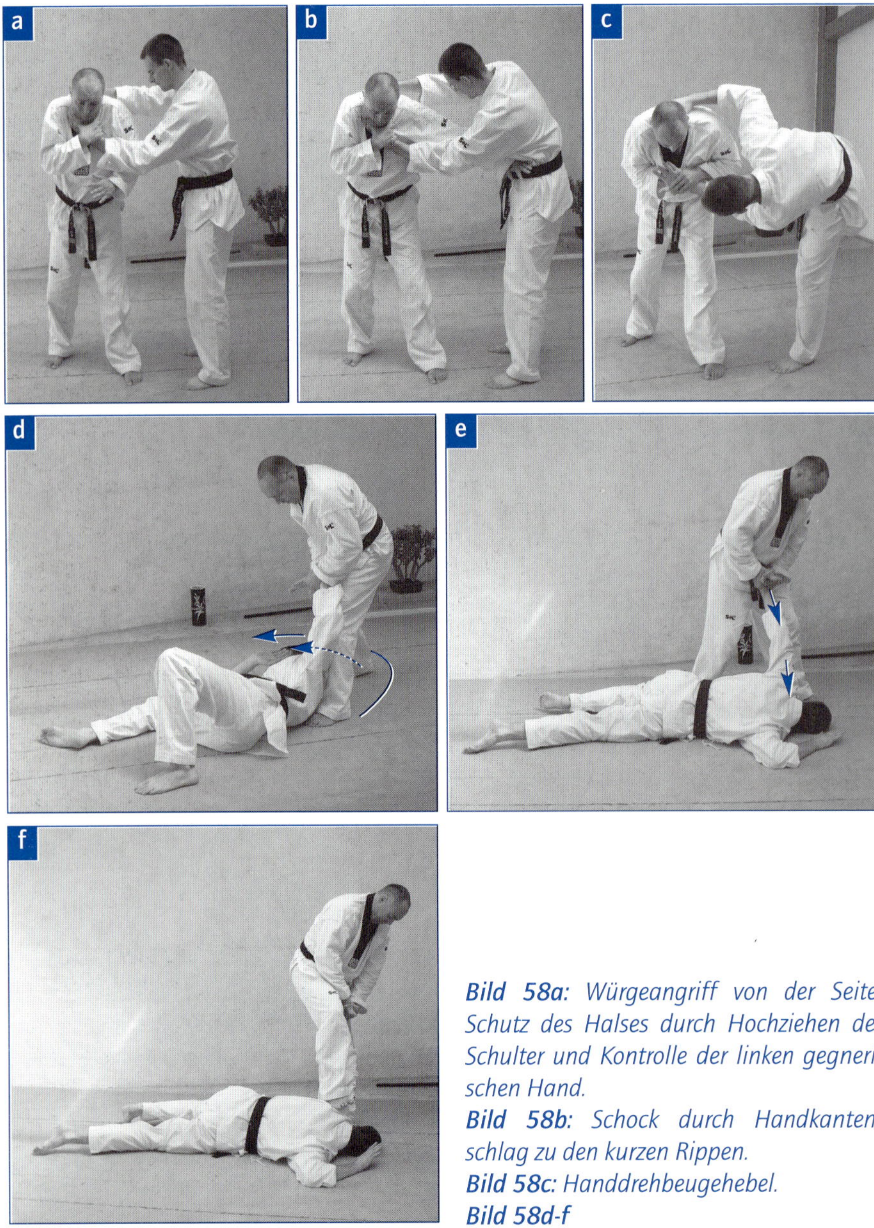

Bild 58a: *Würgeangriff von der Seite. Schutz des Halses durch Hochziehen der Schulter und Kontrolle der linken gegnerischen Hand.*
Bild 58b: *Schock durch Handkantenschlag zu den kurzen Rippen.*
Bild 58c: *Handdrehbeugehebel.*
Bild 58d-f

Bild 59a: *Schutz des Halses durch Hochziehen der Schultern. Gleichzeitig werden die Arme unter Spannung und innen rotiert nach vorne gebracht.*
Bild 59b: *Wegtauchen nach links hinten bei gleichzeitiger Rechtsdrehung des Körpers.*
Bild 59c: *Streckhebelansatz.*
Bild 59d
Bild 59e: *Langziehen des gegnerischen Arms.*
Bild 59f-g

6.4 Verteidigung am Boden

Für Taekwondoka, die ihre Kampfkunst im Stand ausüben, stellt die Selbstverteidigung am Boden eine besondere Herausforderung dar, da sie fast alle erlernten Techniken nicht oder nur in abgewandelter Form anwenden können. Zur Zeit ist der Blickpunkt des Interesses in den Kampfkünsten sehr auf das *Grappling* gerichtet. Dieses Interesse ist vor allem durch den Erfolg der brasilianischen Jiu-Jitsus bei Begegnungen von verschiedenen Stilen im Rahmen von *Cage Fights*, *Ultimate Fights* u. a. m. geweckt worden. Der Eindruck entstand – und wurde auch kräftig durch kommerzielles Marketing untermauert –, dass Fertigkeiten im Bodenkampf einen Kampfkünstler quasi „unbesiegbar" machen. Es stimmt, dass das Können am Boden und das Wissen darum, was im Ernstfall am Boden getan werden muss, dazu beiträgt, die Selbstverteidigungsfähigkeit des Einzelnen abzurunden, nur zu einer Überschätzung des Bodens als Kampfdistanz sollte das nicht führen. Implizit wird suggeriert, im Ernstfall den Boden aufzusuchen, um dort die Selbstverteidigungssituation erfolgreich abzuschließen. Dagegen sprechen folgende Fakten:

- In einer Bodenkampfsituation bin ich weit gehend *immobil*. Plötzliches Auftauchen weiterer Gegner führt zu meiner sicheren Niederlage.
- *Sichteinschränkung* durch den Bodenkampf: Ich kann das Eingreifen anderer von außen meistens nicht sehen.
- Am Boden zu kämpfen, ist enorm *Kräfte zehrend*. Die beste Option besteht darin, *so schnell wie möglich wieder in den Stand zu kommen*.

Auf der anderen Seite des Spektrums gibt es dagegen diejenigen, die davon überzeugt sind, dass niemand sie auf den Boden zwingt, wenn sie es selbst nicht wollen, und sie aus diesem Grund auch nicht am Boden trainieren müssen. Diese Einstellung zeugt von Ignoranz und Realitätsferne. Ist man als Taekwondoka an ernsthafter Selbstverteidigung interessiert, so wird man nicht darum herumkommen, sich mit diesem „fremden" Gebiet zu befassen. Wenn die Zeit es ermöglicht, erweist es sich als sehr hilfreich, zumindest *eine Zeit lang Judo zu betreiben* (gute Ergänzung auch wegen der *Fallschule* und der *Würfe*!). Im Hinterkopf steht jedoch immer die Überlegung, wie ich bekannte Techniken aus dem Taekwondo *in den Bodenkampf integrieren* kann. Im Gegensatz zum Judo ist das finale Ziel nicht, den Gegner zur Aufgabe durch Haltegriff, Würger oder Hebel zu bringen, sondern es sind diese Möglichkeiten als *Durchgangsstrategien für die Anwendung von Tritten und Schlägen* zu betrachten, um schnellstmöglich wieder in den Stand zu gelangen.

Nachdem wir nun den Rahmen abgesteckt haben, wie der Bodenkampf im Gefüge der Selbstverteidigung zu betrachten ist, wollen wir uns den Techniken und

Prinzipien zuwenden, die es am Boden zu beachten gilt. Grundlegend sind hier zwei Konstellationen zu unterscheiden:

- Angreifer steht, Verteidiger am Boden.
- Angreifer und Verteidiger sind beide am Boden.

In der ersten Konstellation geht es darum, aus einer eigenen ungünstigen Situationen, den Angreifer

1. fern zu halten und
2. unter Beachtung der Eigensicherung wieder zum Stand zu kommen.

Betrachten wir zunächst die Stellung, die am günstigsten am Boden einzunehmen ist. Die *geometrische Figur*, die die geringste Angriffsfläche bietet, ist die *Kugel*. Die Hände sind in *Abwehrhaltung*, um direkt zuschlagen oder zugreifen zu können. Der Körper liegt halb auf der Seite, Kopf und Schultern sind vom Boden abgehoben (!). Das setzt eine entsprechend ausgebildete Rumpfmuskulatur voraus! Beide Beine sind zum Körper angezogen und angewinkelt. Das *untere Bein schützt den Unterleib*, während das *obere angewinkelt trittbereit* ist. Trittziele sind Schienbein, Knie und Unterleib des Angreifers.

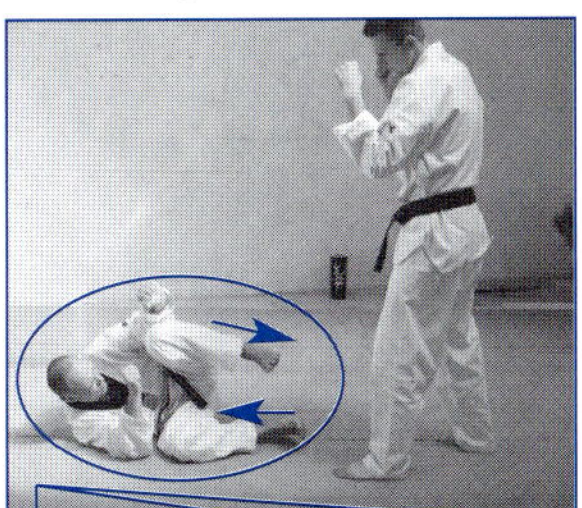

***Bild 60:** Die Ausgangsstellung des Verteidigers ist der Idealform einer Kugel angenähert. Das obere Bein ist trittbereit angezogen, das untere Bein zum Unterkörper angeklappt, um die Genitalien zu schützen. Die Hände sind griff-, verteidigungs- und schlagbereit erhoben.*

***Bild 61:** Tritt zum Knie.*

***Bild 62:** Tritt zum Genitalbereich.*

***Bild 63:** Beinhebel durch Einhaken am Fußgelenk mit gleichzeitigem Tritt zum Knie.*

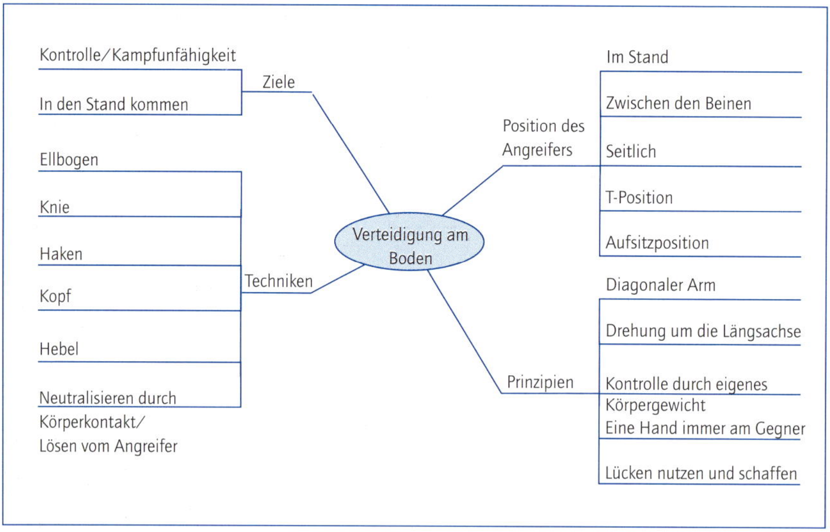

***Mindmap 1:** Verteidigung am Boden*

6.4.1 Übungsformen

- Der Angreifer versucht, *an den Füßen des Verteidigers vorbeizukommen*, um den Verteidiger zu kontrollieren. Der Verteidiger dreht sich unter Beibehaltung der Bereitschaftshaltung so, dass immer seine Füße zwischen Angreifer und Verteidiger sind.

- Der Angreifer steht schon an der Seite des liegenden Verteidigers. Der Verteidiger bringt seine *Beine zwischen sich und den Angreifer* (Schutzausrüstung für Beine und Unterleib!).

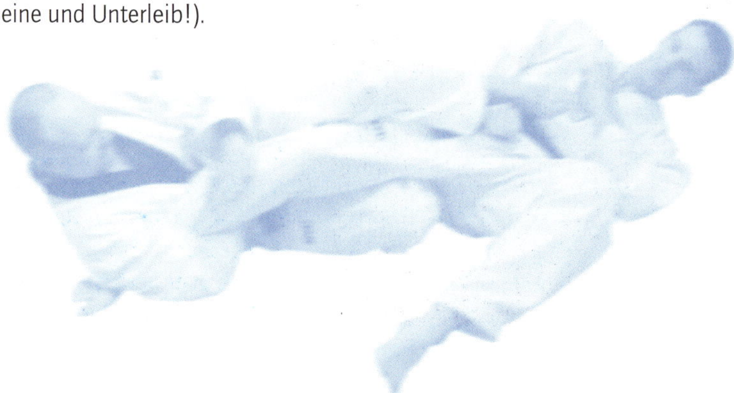

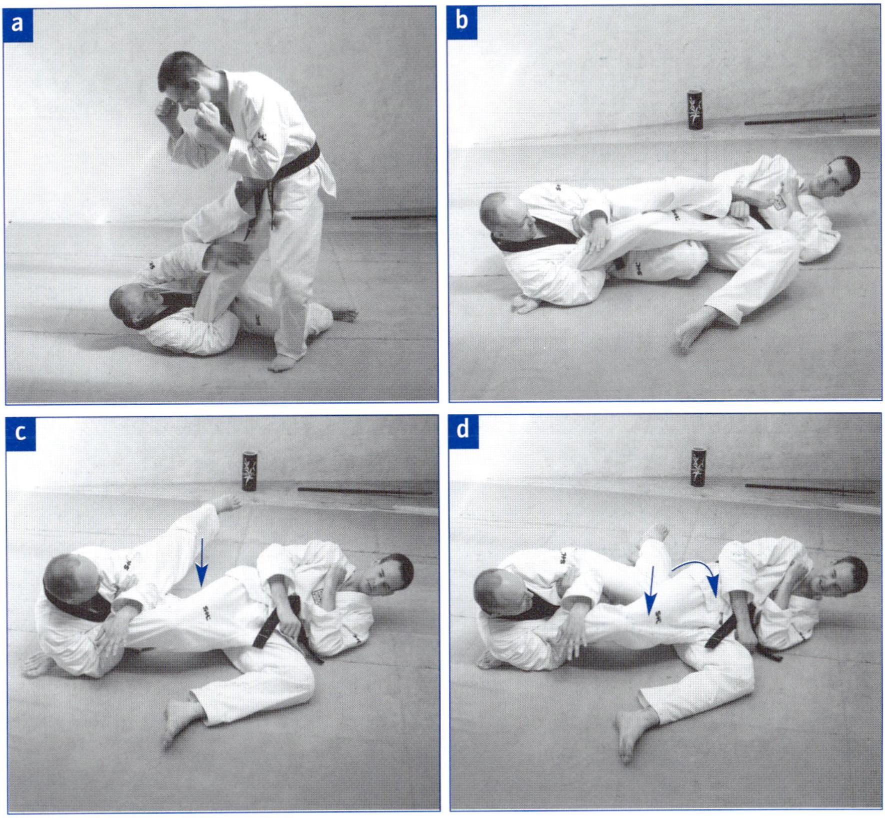

__Bild 64a-b__
__Bild 64c:__ Ausholen zum Kniestoß.
__Bild 64d:__ Durch den Kniestoß wird der Angreifer gedreht.
__Bild 64e:__ Der Verteidiger kontrolliert den Angreifer durch einen Beinhebel.

- *Pratzentraining* mit großer Pratze für Tritte aus der Bodenlage (Fersentritte, seitliche Tritte). Die Kraftentwicklung dieser Tritte ist biomechanisch optimal nicht möglich, da verschiedene Elemente, wie Gegenbewegung des Schultergürtels, optimaler Einsatz der Hüfte u. a., fehlen. Trotz dieser Handikaps sollte größtmögliche Trittkraft erreicht werden.

- *Aufstehen vom Gegner weg.* Nach einem Treffer mit einem Tritt oder Zurückweichen des Angreifers vom Angreifer weg zum Stand kommen. Der Angreifer versucht, dies zu verhindern.

Bild 65a
Bild 65b: *Aufstehen weg vom Gegner.*
Bild 65c-d

In der zweiten Konstellation (Angreifer und Verteidiger sind beide am Boden) lassen sich folgende *Grundpositionen des Angreifers zum Verteidiger* unterscheiden:

a) Der Angreifer befindet sich zwischen den Beinen des Verteidigers.

Bild 66

b) Der Angreifer befindet sich an der Seite des Verteidigers.

Bild 67

c) Der Angreifer liegt seitlich auf dem Verteidiger.

Bild 68

d) Der Angreifer befindet sich oberhalb des Kopfs des Verteidigers.

Bild 69

e) Der Angreifer sitzt, kniet auf dem Verteidiger (Bauchseite!).

Bild 70a-b

f) Der Angreifer sitzt, kniet auf dem Rücken des liegenden Verteidigers.

Bild 71

Für alle diese Ausgangssituationen gilt es, für den Verteidiger folgende *Positionen zu erarbeiten*, um Tritte, Schläge, Hebel u. a. anbringen zu können:

- Seitliche Position zum Angreifer.
- Mindestens ein Knie zwischen Verteidiger und Angreifer.
- Hände zur Deckungshaltung zwischen Angreifer und Verteidiger (eine Hand kontrolliert, die andere schlägt, sticht, reißt, quetscht).

6.4.2 Ergänzende technische Elemente für die Verteidigung am Boden

- Umdrehen/Umwälzen des Angreifers mithilfe der Beine.

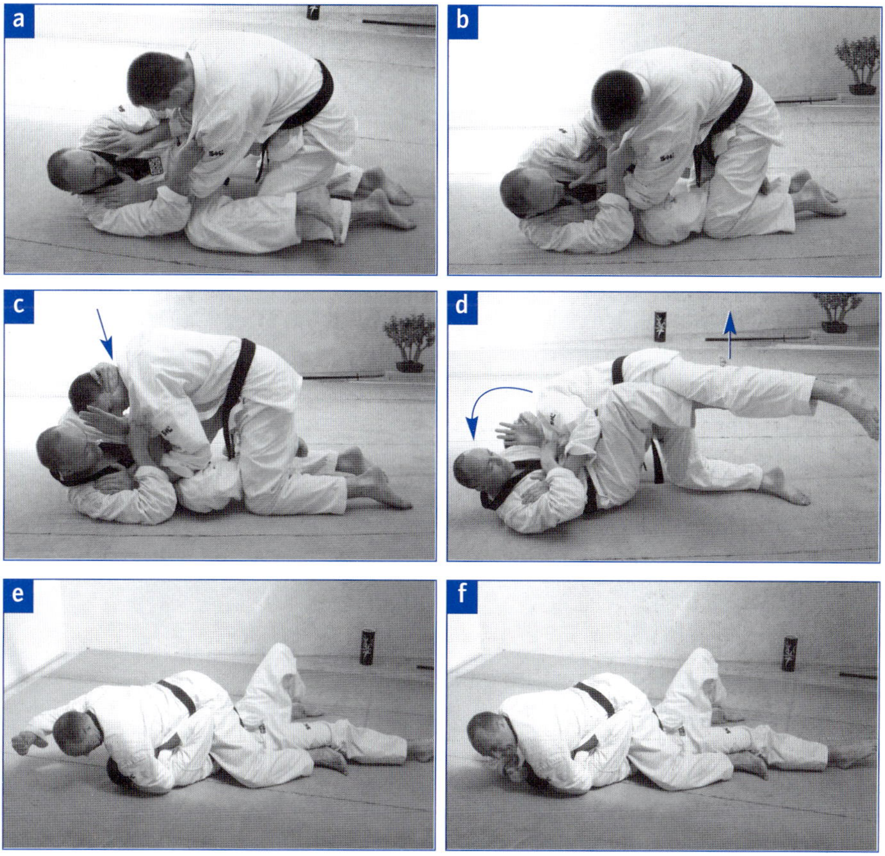

Bild 72a

Bild 72b: *Einhängen des Fußes innen am linken Oberschenkel des Gegners.*

Bild 72c: *Die linke Hand des Verteidigers nimmt Kontakt bei gleichzeitigem Nackenzug auf.*

Bild 72d: *Überrollen des Angreifers durch scharfen Zug des gegnerischen Kopfs zur eigenen linken Körperseite und Anheben des eingehakten rechten Beins.*

Bild 72e-f

- Position des diagonalen Arms des Angreifers.

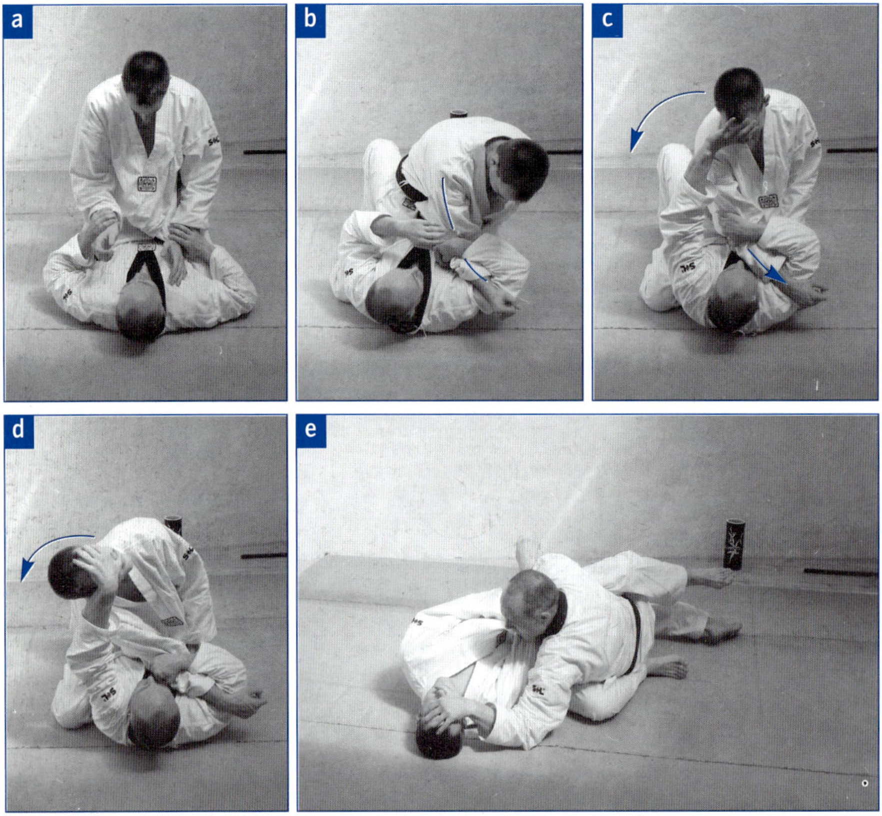

Bild 73a
Bild 73b: *Ableiten des rechten gegnerischen Arms zum diagonalen Arm.*
Bild 73c: *Griff in die Augen.*
Bild 73d: *Umwälzen des Gegners.*
Bild 73e

6.4.3 Beispiele

Die Selbstverteidigungssequenzen sind bewusst sehr umfangreich gehalten, da wir versuchen, viele der theoretisch beschriebenen Prinzipien in die praktische Ausführung einfließen zu lassen.

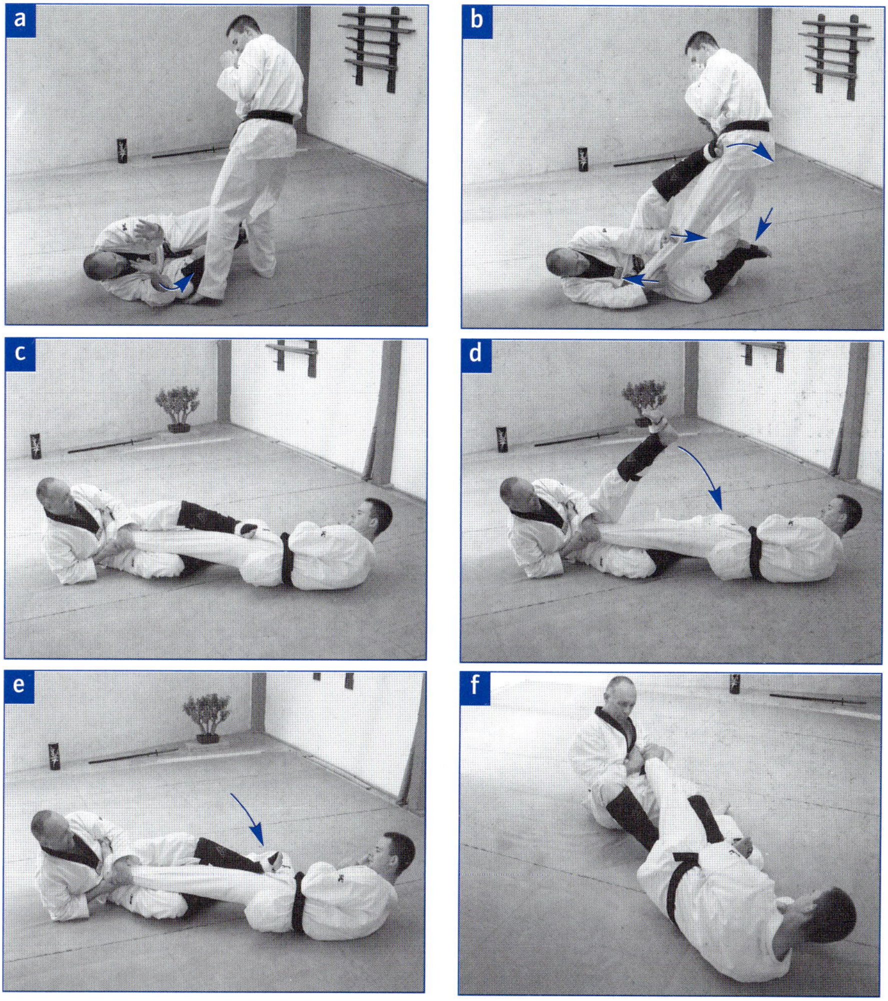

Bild 74a: *Block mit Händen und Schienbein gegen gegnerischen Trittversuch.*
Bild 74b: *Fassen des Beins. Hebeln mithilfe des eigenen linken Fußes. Gleichzeitig Sperre des Standbeins mit dem rechten Fuß.*
Bild 74c
Bild 74d: *Ausholen zum Fersentritt.*
Bild 74e: *Fersentritt in die Genitalien.*
Bild 74f

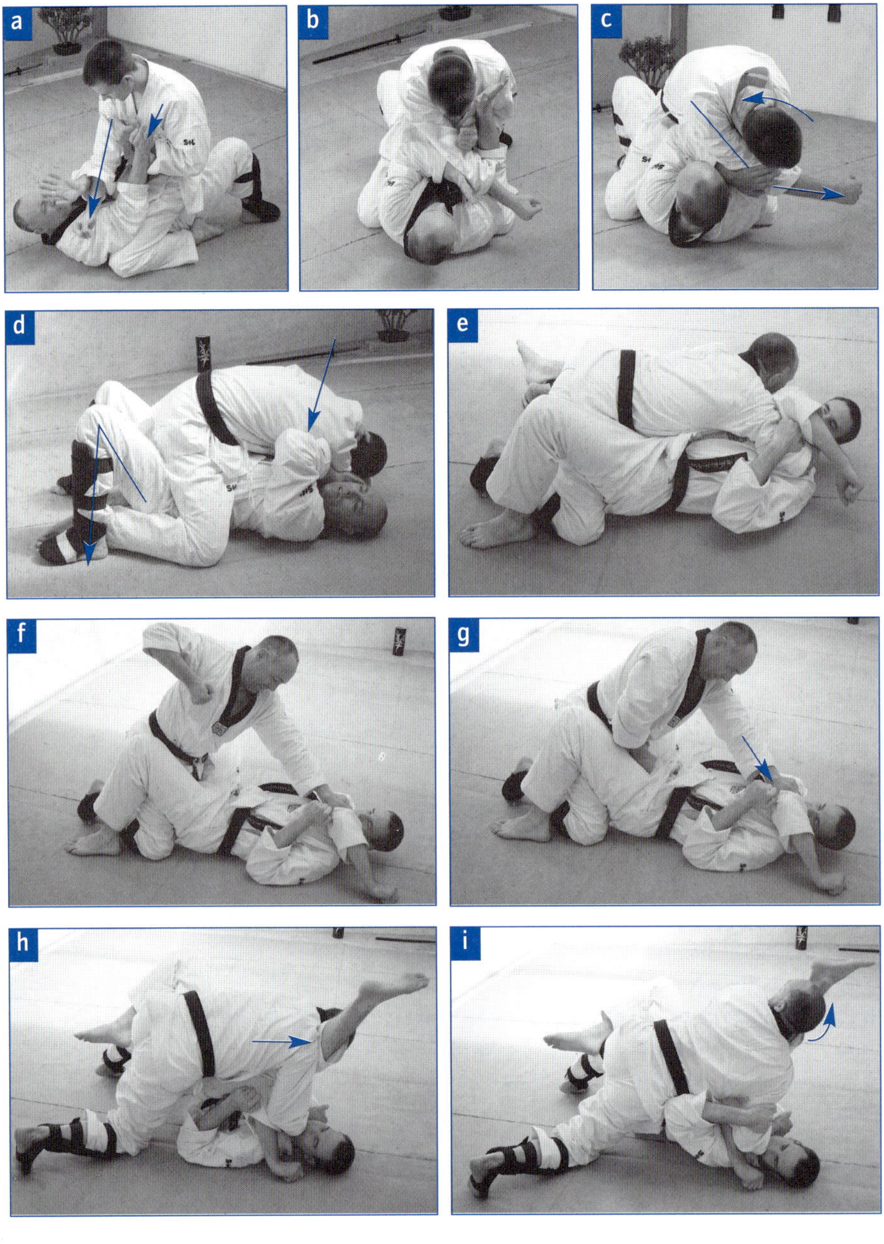
a
b
c
d
e
f
g
h
i

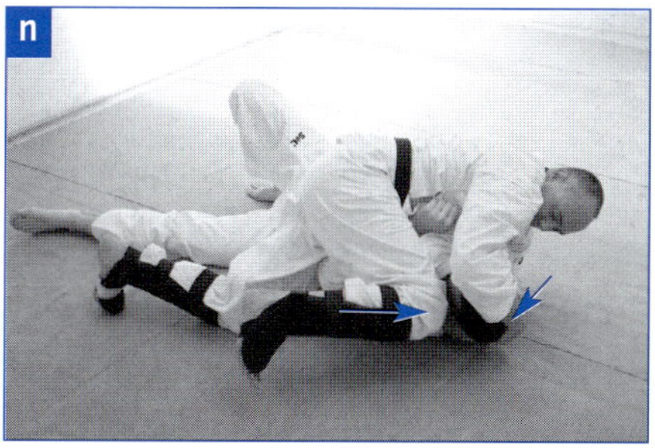

Bild 75a: *Ablenken des gegnerischen Schlagversuchs zum diagonalen Arm bei gleichzeitiger Blockierung der linken Schlaghand.*
Bild 75b: *Diagonaler Arm.*
Bild 75c: *Nackenzug.*
Bild 75d: *Herunterziehen des Gegners und Fixieren am eigenen Körper. Gleichzeitig Blockieren des gegnerischen rechten Beins mit dem eigenen linken Fuß.*
Bild 75e: *Umwälzen des Gegners.*
Bild 75f: *Blockieren des gegnerischen Arms.*
Bild 75g: *Schlag in die Genitalien.*
Bild 75h: *Entkommen aus der Position zwischen den Beinen des Gegners.*
Bild 75i: *Eng um das angehobene Bein herumgehen.*
Bild 75j: *Arm des Gegners diagonal um den Hals fixieren.*
Bild 75k: *Schlag zum Gesicht.*
Bild 75l: *Nachsetzen mit Ellbogen.*
Bild 75m: *Fassen des Kopfes. Ausholen zum Kniestoß.*
Bild 75n: *Kniestoß aus der liegenden Position zum Kopf des Gegners.*

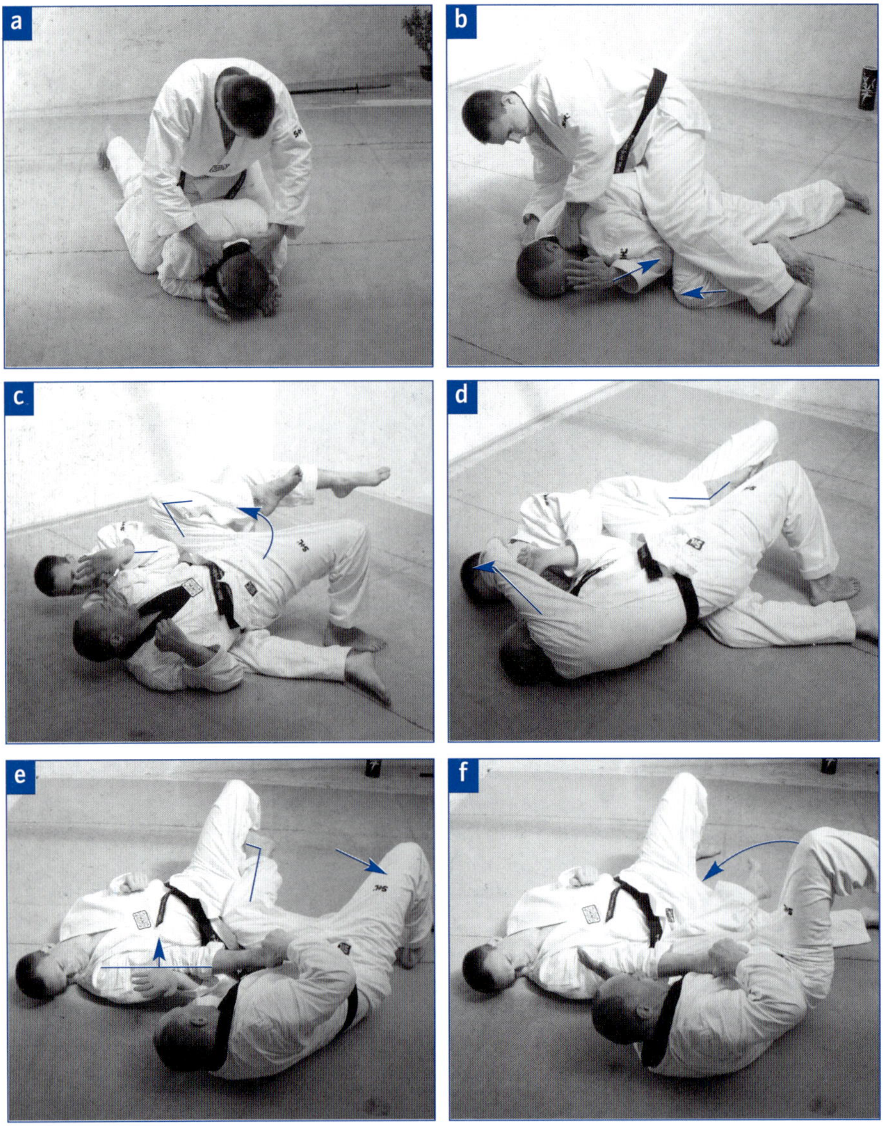
a
b
c
d
e
f

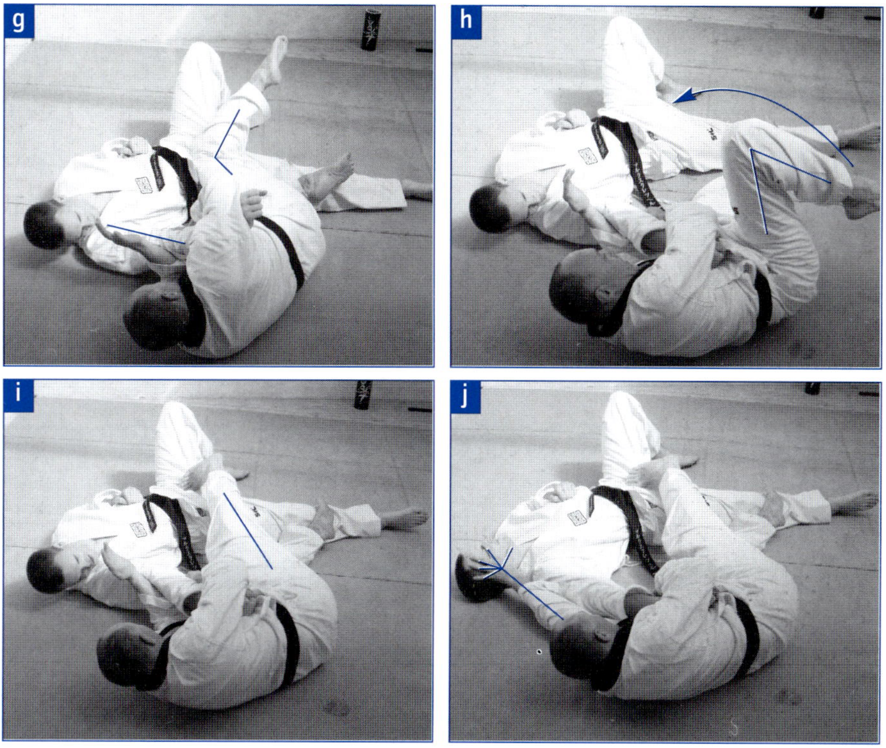

Bild 76a: *Denkbar schlechteste Situation: Gegner sitzt auf dem Rücken und würgt den Verteidiger.*
Bild 76b: *Strategie: Klein werden. Kopf wird zwischen die Schultern gezogen. Hüfte geht hoch. Knie und Ellbogen einer Seite werden weitestgehend angenähert.*
Bild 76c: *Dieser „Zaun" wird als Hebel benutzt, um den Gegner explosiv vom Rücken abzuwerfen. Der eigene Körper begleitet die Drehung.*
Bild 76d: *Verteidiger kommt halb auf dem Angreifer zu liegen und schlägt direkt einen rechten Haken zum Gesicht des Angreifers.*
Bild 76e: *Das linke Bein des Verteidigers sichert das linke Bein des Angreifers durch Einhängen. Gleichzeitiger Hebelansatz.*
Bild 76f: *Ausholen zum Knietritt in die Genitalien.*
Bild 76g: *Ausführen des Knietritts.*
Bild 76h: *Ausholen zum Halbkreisfußtritt.*
Bild 76i: *Ausführen des Trittes.*
Bild 76j: *Fingerstich Richtung Augen.*

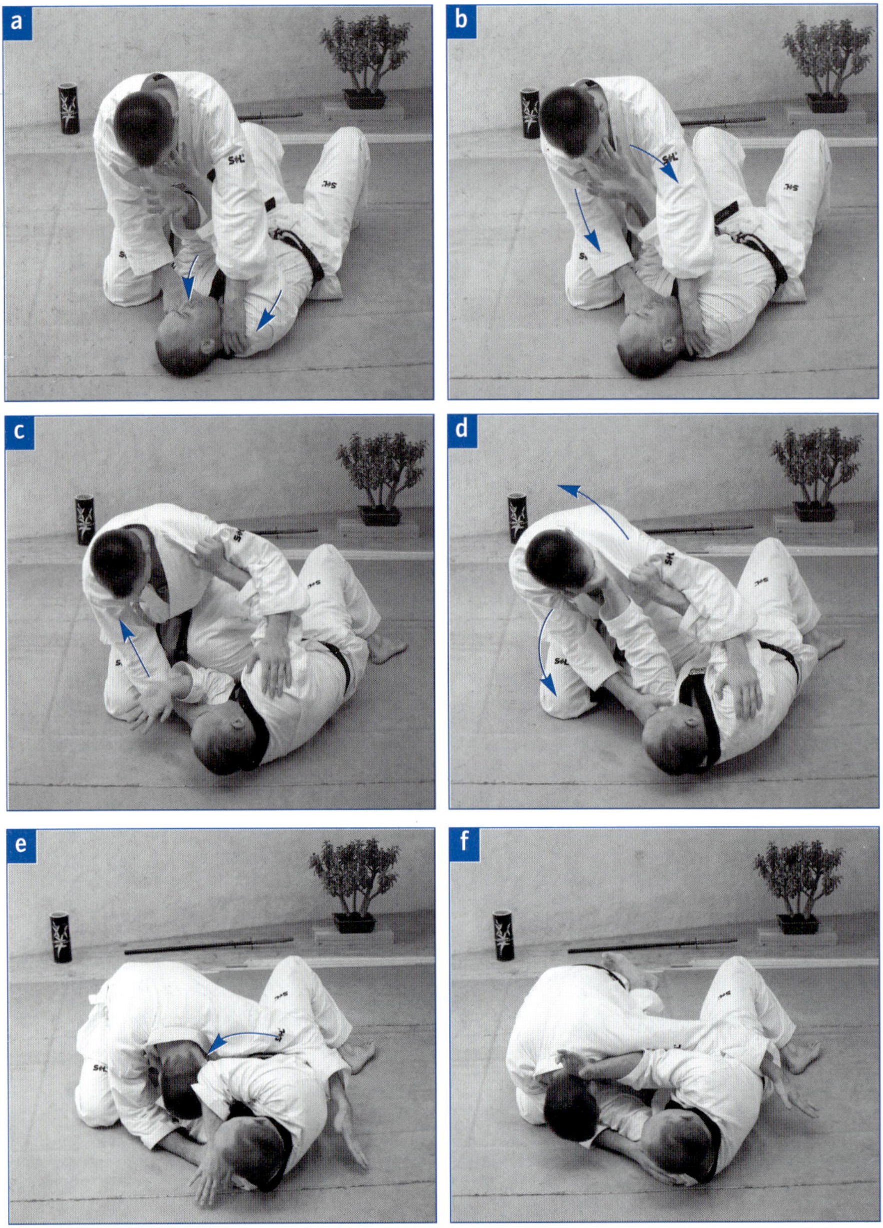
a
b
c
d
e
f

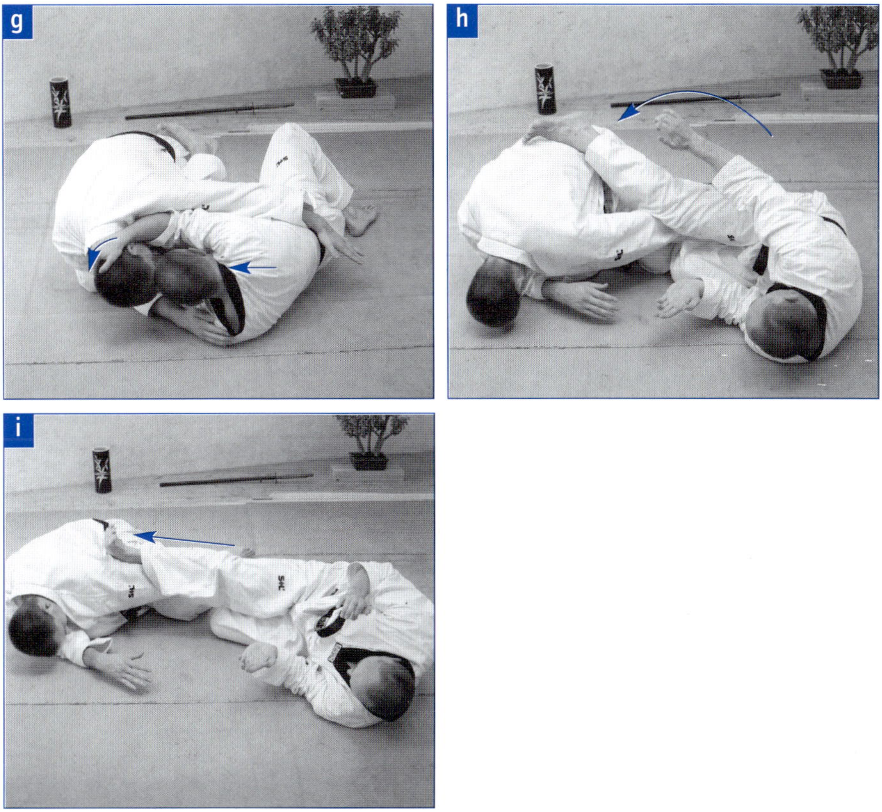

Bild 77a: *Würgeangriff kniend an der Seite des Verteidigers. Direktes Hochziehen der Schulter zum Schutz des Halses.*
Bild 77b: *Fingerstich zum Auge.*
Bild 77c: *Brechen des Gleichgewichts.*
Bild 77d: *Steuerradbewegung: Die linke Hand greift das rechte Ohr des Angreifers, dreht und reißt. Gleichzeitig drückt die rechte Hand den linken Oberarm bzw. die linke Schulter des Angreifers nach oben.*
Bild 77e: *Ellbogenschlag zum Kopf.*
Bild 77f: *Handkante zum Nacken.*
Bild 77g: *Rechte Hand fasst den Nacken, gefolgt von einem Kopfstoß.*
Bild 77h: *Tritt in die Rippen/Nieren.*
Bild 77i: *Stampftritt in die Rippen und Loslösung vom Gegner.*

a
b
c
d
e
f
g
h

i

j

Fortsetzung nächste Seite

Bild 78a: *Der Gegner sitzt auf dem Bauch des Verteidigers. Beide Hände des Verteidigers sind zum Schutz erhoben und aktionsbereit.*
Bild 78b: *Durch explosives Aufbäumen des Verteidigers wird das Gleichgewicht des Angreifers gestört und er wird gezwungen, sich nach vorne abzustützen.*
Bild 78c: *Dies nutzt der Verteidiger, um mit beiden Händen die rechte Ellenbeuge des Angreifers zu greifen...*
Bild 78d: *... und ruckartig zu sich heranzuziehen. Durch diese Aktion wird die rechte Körperseite des Angreifers fixiert und als Drehachse benutzt.*
Bild 78f: *Der Verteidiger fixiert den Angreifer nach der Drehung am Boden durch den quer gehaltenen Unterarm und den Einsatz seines Körpergewichts.*
Bild 78g: *Die linke Hand des Verteidigers kontrolliert den rechten Arm des Angreifers, während der rechte Arm zum Ellbogenstoß ausholt.*
Bild 78h: *Ellbogenstoß in den Unterleib. Der Kopf des Gegners kommt als Reaktion darauf nach oben.*
Bild 78i: *Der Verteidiger nutzt dies mit einem Fauststoß zum Gesicht aus.*
Bild 78j: *Abermals erfolgt ein Ellbogenstoß in den Unterleib.*
Bild 78k: *Um an die Körperseite des Angreifers zu gelangen, rutscht der Verteidiger mit seinem rechten Knie über die linke Oberschenkelinnenseite des Angreifers. (Euer Trainingskollege widmet euch keine freundlichen Gedanken, wenn ihr dabei nicht sehr vorsichtig vorgeht!)*

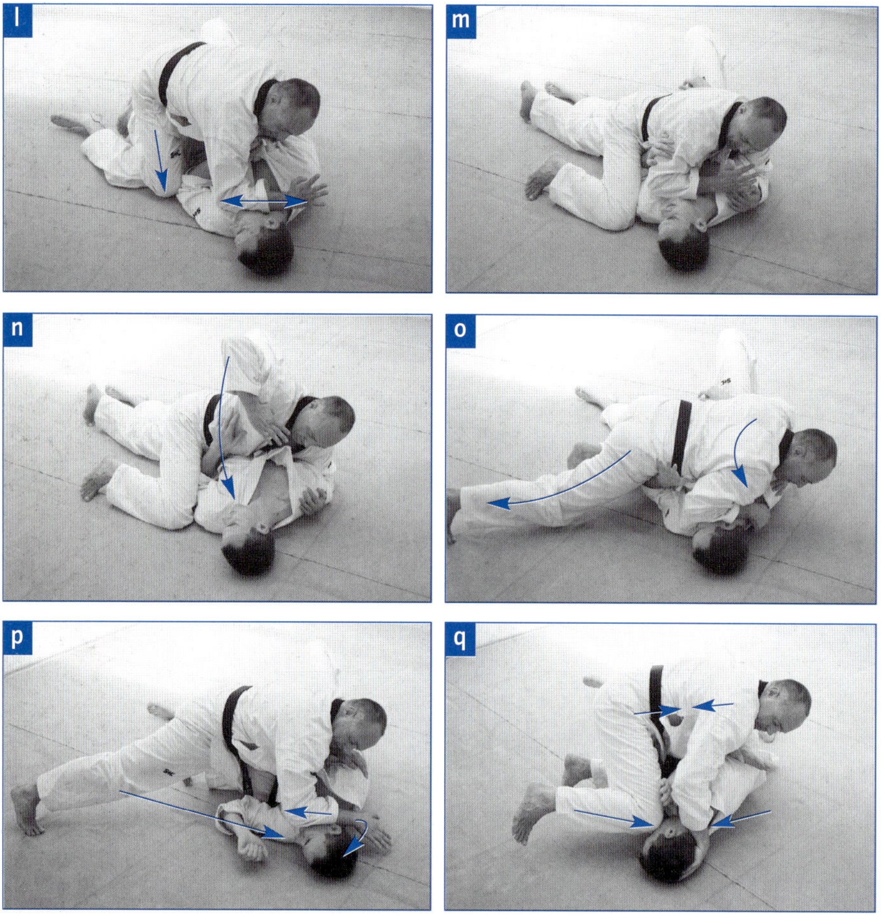

__Bild 78l:__ Der Hals des Angreifers wird mit dem rechten Unteram fixiert.
__Bild 78m__
__Bild 78n:__ Ausholen zum Ellbogenschlag.
__Bild 78o:__ Einsatz des Körpergewichts beim Ellbogenschlag.
__Bild 78p:__ Ausholbewegung für den abschließenden Kniestoß bei gleichzeitiger Kopffixierung des Angreifers.
__Bild 78q:__ Durchführung des kampfentscheidenden Kniestoßes.

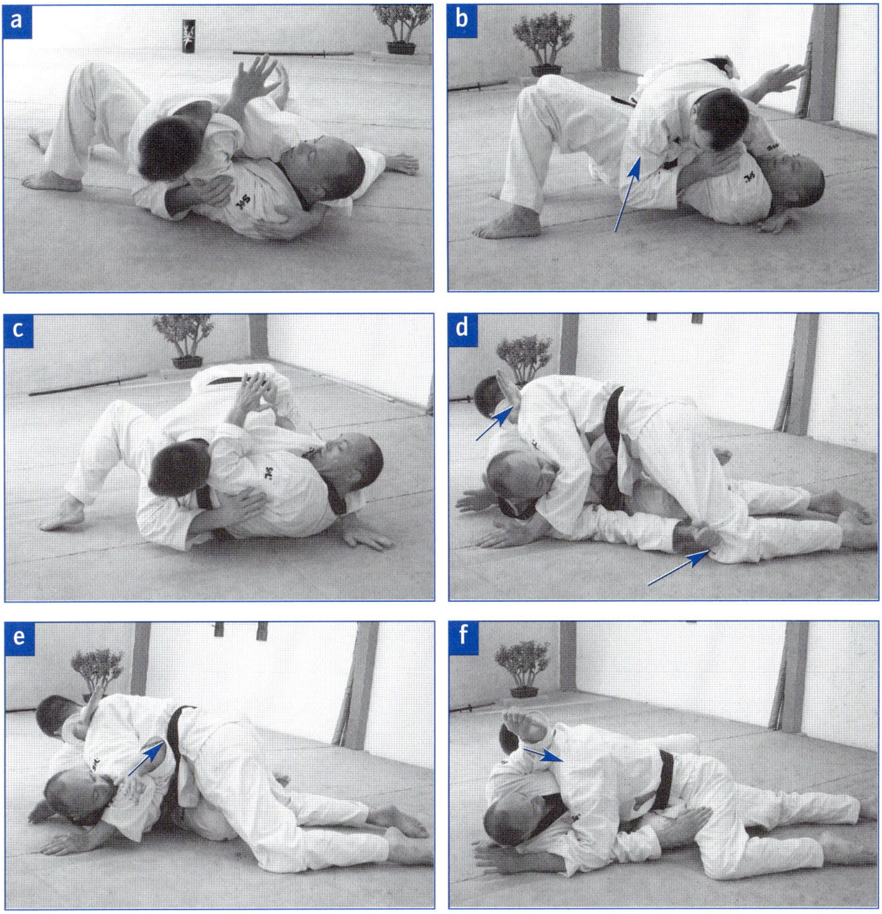

Fortsetzung nächste Seite

Bild 79a: *Der Angreifer hält den Verteidiger liegend von der Seite her am Boden fest.*
Bild 79b: *Der Verteidiger verschafft sich durch Aufbäumen einen Freiraum, ...*
Bild 79c: *... in den er dann sein rechtes Knie zwischen sich und den Angreifer schiebt.*
Bild 79d: *Perspektivenwechsel: Gleichzeitig drückt er gegen den gegnerischen Hals und fixiert mit seiner rechten Hand das linke Knie des Angreifers.*
Bild 79e: *Ellbogenstoß mit rechts in die Rippen.*
Bild 79f: *Ellbogenstoß links zum Hals.*

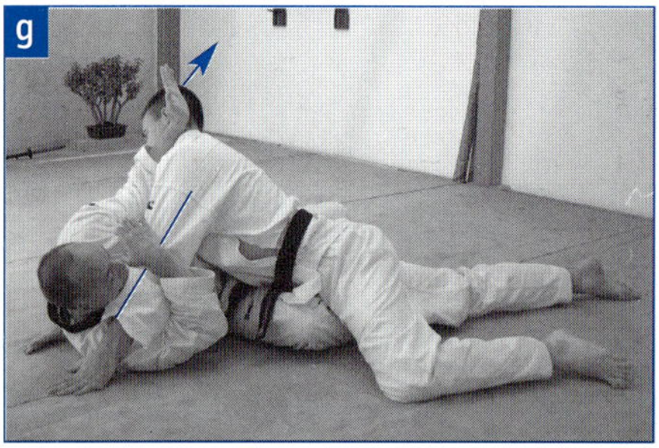

Bild 79g: *Ansatz zum Umdrehen des Angreifers.*
Bild 79h: *Beugehebel am linken Arm des Angreifers.*
Bild 79i: *Grimmige Durchführung.*

6.4.4 Ausgewählte Techniken am Boden

- Faust (Steilfaust, Sewo-Chirugi, auf kurze Distanz) z. B. zum Kehlkopf.

Bild 80: *Gleichzeitigkeit der Ablenkung des Angriffs und Gegenangriff mit der Steilfaust.*

Bild 81: *Durch einen gleichzeitigen Nackenzug lässt sich die Wirkung eines Steilfaustschlages – hier zum Kehlkopf – erheblich verstärken.*

- Fingerstiche/Augenquetsche.

***Bild 82:** Gleichzeitig mit dem Blockieren der Arme durch einen Ellbogenriegel erfolgt der Fingerspitzenstoß zum Auge.*

- Ellbogen in der Bodenlage.

***Bild 83:** Ellbogenschlag mit Nackenzug.*

- Genickhebel.

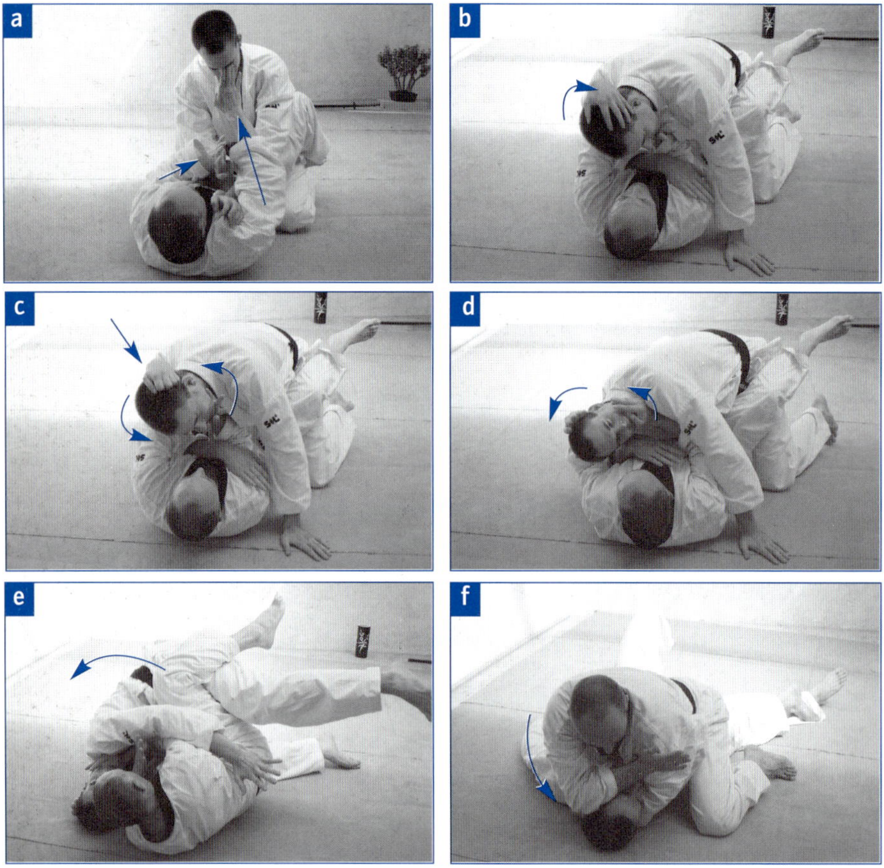

Bild 84a: *Fingerspitzenstoß zum Auge.*
Bild 84b: *Kontaktaufnahme mit dem Kopf des Angreifers. Achtung! Die rechte Hand des Verteidigers wird am Kinn platziert, die linke Hand wird um den Kopf des Gegners herum positioniert.*
Bild 84c: *Sind die Haare des Angreifers lang genug, bietet sich ein entschlossenes Zufassen zum Haarzug an. Vorsicht beim Training! Dies ist eine potenziell tödliche Technik, bei ruckartiger Anwendung kann der Genickhebel zum Genickbruch und damit eventuell zum Tode führen.*
Bild 84d: *Der Kopf des Angreifers wird verdreht.*
Bild 84e: *Der Verteidiger dreht sich mit.*
Bild 84f: *Die Verteidigungssequenz wird mit Ellbogenschlag zum Kopf beendet.*

- Knie.

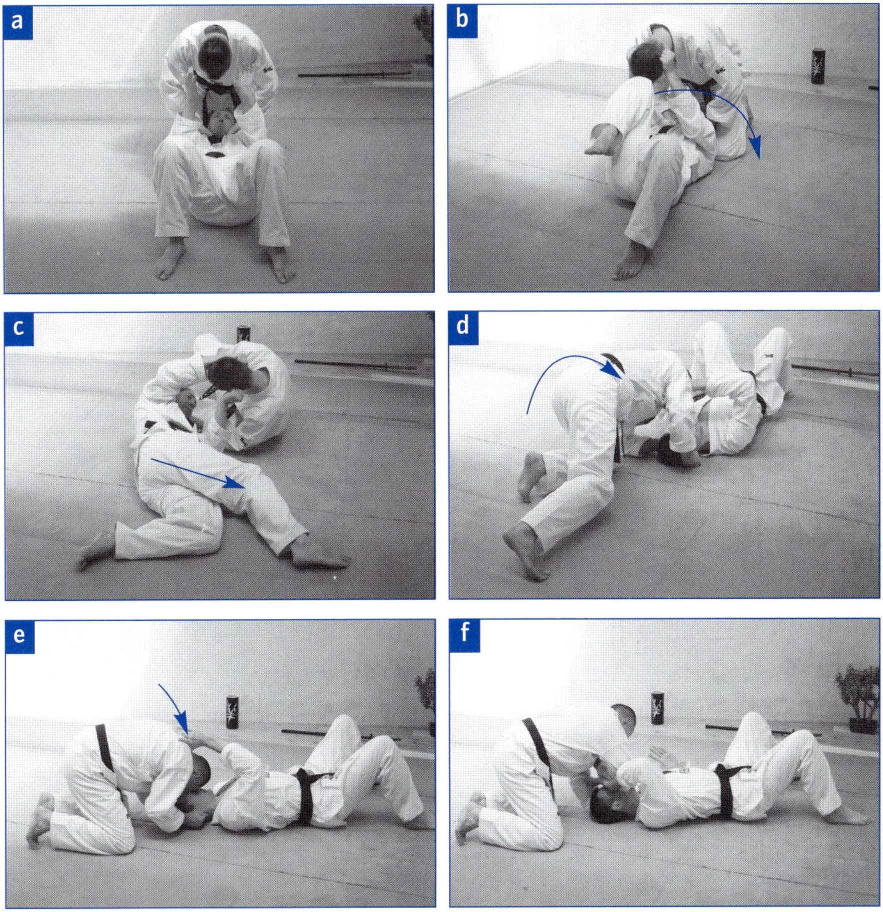

Bild 85a: *Würgeangriff: Der Angreifer kniet oberhalb des Kopfs des Verteidigers.*
Bild 85b: *Der Verteidiger fasst die Ohren des Angreifers, verdreht sie gegen den Uhrzeigersinn und stößt mit dem Knie zum Schädeldach des Angreifers.*
Bild 85c: *Der Kopf des Angreifers wird im Uhrzeigersinn weitergedreht. Durch die verdrehten Ohren hat er keine Möglichkeit auszuweichen.*
Bild 85d
Bild 85e: *Es erfolgt ein Kopfstoß zum Gesicht des Angreifers.*
Bild 85f: *Abschlusstechnik: Ellbogenschlag zum Gesicht oder zum Hals.*

7 Elemente der Fallschule

Für den Judoka und den Jiu-Jitsuka vertraut, stellt die Fallschule für den Taekwondoka ungewohntes Gebiet dar. *Gefahrloses Fallen* spielt aber nicht nur in der Selbstverteidigung eine Rolle, sondern auch im Wettkampf und im Alltag. Optimales Fallen, ohne sich zu verletzen, setzt Verhaltensweisen voraus, die in bestimmter Weise auf andere Art als natürliche Reflexe funktionieren. Die natürliche Art, auf einen Fall zu reagieren, besteht in dem Versuch, sich abzustützen. Je heftiger der Fall ist, umso gefährlicher wird diese Art für den Fallenden. Betroffen sind vor allem die *Schwachstellen: Finger, Handgelenke, Ellbogen und Schultern*, da die ganze Wucht des Falls auf eine relativ kleine Abstützfläche konzentriert wird. Die Prinzipien, nach denen ein gefahrloses Fallen möglich wird, sind folgende:

- Verteilung der Wucht des Falls auf eine *möglichst große Fläche* (=> Abschlagen im Winkel von 45° vom Körper, ein größerer Winkel macht das Abschlagen unwirksam!).
- Gegenkraft zur Fallrichtung aktiv anwenden (*kurzes, federndes Abschlagen*, da nach dem Impulssatz $F \times t = m \times v$ die Kraft umso größer ist, je kürzer die einwirkende Zeit gehalten wird.
- Keine Ecken und Kanten hervorstehen lassen (Ellbogenspitze, Schulter). Die *Idealform für Rollbewegungen ist die Kugel!*

Fallübungen

Rolle vorwärts, rückwärts.

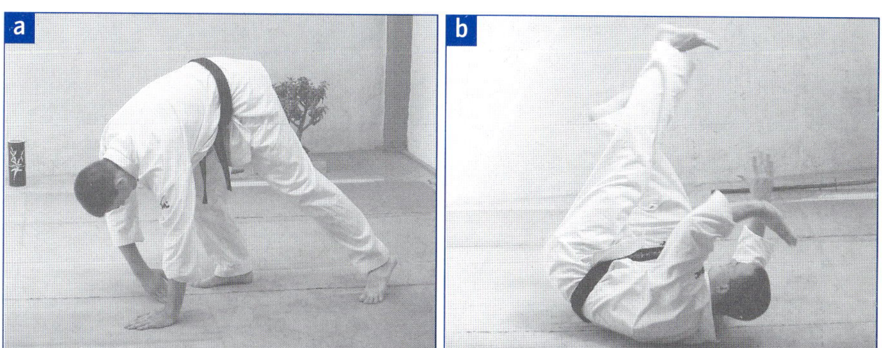

Bild 86a-b

Seitlich.

Bild 87a-c

Vorwärts.

Bild 88a

Bild 88b: *Zur Stabilisierung beim Vorwärtsfallen ist es wichtig, eine leichte Beugung in der Hüfte beizubehalten, um ein Durchschlagen des mittleren Körpers zum Boden zu verhindern. Die Ellbogen stehen unter den Schultern.*

Rückwärts.

Bild 89a-e

Der Einsatz von Matten ist für ein gefahrloses Erlernen der Fallübungen unbedingt notwendig (Turnermatten, Judomatten)!

Sind die Fallübungen gefestigt, so können sie auch auf normalem Hallenboden durchgeführt werden.

8 Störung des Gleichgewichts

Wenn es in einer Selbstverteidigungssituation gelingt, das Gleichgewicht des Gegners zu stören, so entsteht auf Grund des *Stellreflexes* für den Gegner die Notwendigkeit, sein Gleichgewicht wiederherstellen zu müssen. Das bedeutet, dass der Gegner gezwungen wird, in zwei Schritten zu denken:

1. Gleichgewicht wieder gewinnen.
2. Angriff.

Unser Denken als Verteidiger besteht aber nur in einem Schritt: kampfentscheidend treffen! Wir befinden uns daher, zeitlich gesehen, im Vorteil (!) und verschaffen uns darüber hinaus die Möglichkeit, kampfentscheidende Ziele anzugreifen (bei verminderter Widerstandsmöglichkeit auf Seiten des Angreifers).

Im Folgenden werden einige Methoden zur Störung des Gleichgewichts aufgezeigt:

8.1 Wegstoßen (Push)

Ruckartig an Kopf, Schulterachse, Beckenachse.

Bild 90a: *Das Gleichgewicht des Angreifers wird durch ein Wegstoßen in Richtung Kopf gestört.*
Bild 90b: *Diese momentane Hilflosigkeit des Angreifers wird mit einem Faustkonter ausgenutzt.*

Bild 91a: *Der Push in Höhe der Schulterachse bewirkt eine Distanzverlängerung auf Trittdistanz.*
Bild 91b
Bild 91c: *Abschließender Tritt in den Bauch.*

Bild 92a: *Pushen mit Stopptritt.*
Bild 92b: *Tritt in den Unterleib.*

8.2 Heranziehen (Pull)

Ellbogen, Beckenachse als Ansatzpunkte.

Bild 93a-c

8.3 Alternierende Bewegungen

- Push – Pull/Pull – Push.
- Push – Pull – Push/Pull – Push – Pull.

Bild 94a-d

8.4 Feger

- Soto-Ashi-Barai.

Bild 95a-c
Bild 95d: *Beim Außenfeger wird das noch nicht vollständig belastete Bein in Richtung der Zehen weitergefegt. Die linke Hand des Verteidigers vollführt eine gegenläufige Bewegung, um das Gleichgewicht des Angreifers völlig zu stören. Der Schwerpunkt des Verteidigers sollte immer tiefer sein als der des Angreifers.*
Bild 95e

- Uchi-Ashi-Barai/Ko-Uchi-Gari.

Bild 96a
Bild 96b: *Der Stopptritt zum Oberschenkel bereitet die Kontaktaufnahme am Ellbogen und der Schulter des Angreifers vor.*
Bild 96c: *Ansatz zum Innenfeger.*
Bild 986: *Durch Verbreiterung der Schrittstellung wird ein labiler Stand des Angreifers erreicht.*
Bild 96e: *Seitlicher Stampftritt ins Kniegelenk des Angreifers. Achtung! Beim Üben äußerste Vorsicht, da hier auch schon kleine wirkende Kräfte zur Verletzung des Trainingspartners führen können.]*
Bild 96f-g
Bild 96h: *Ellbogenschlag zum Genick des Angreifers.*

- O-Uchi-Gari.

Bild 97a: Der gegnerische Trittangriff wird vom Innenraum aus weitergeleitet. • Gleichzeitig erfolgt ein Gegenangriff in Richtung Gesicht des Angreifers.
Bild 97b: Der Angreifer wird fixiert.
Bild 97c: Der Angreifer wird mit einer Drehbewegung zu Fall gebracht.
Bild 97d

- O-Soto-Gari.

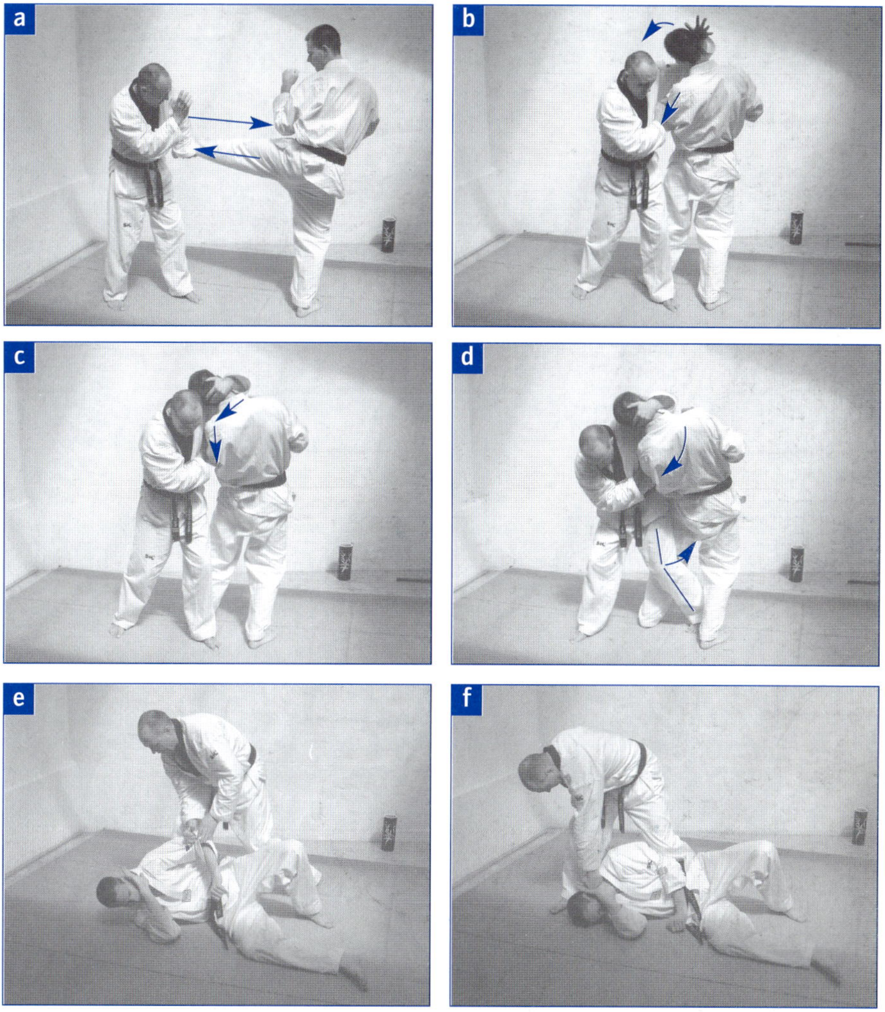

Bild 98a: *Der Trittangriff wird an der Körperseite des Verteidigers vorbeigeleitet.*
Bild 98b: *Ellbogen- und Kopfkontrolle.*
Bild 98c: *Der Kopf des Angreifers wird am Körper des Verteidigers fixiert.*
Bild 98d: *Wurfansatz.*
Bild 98e-f

8.5 Weitere Takedowns

Die beiden im Folgenden vorgestellten Techniken kommen ursprünglich aus dem Aikido. Die Anwendung in der Selbstverteidigung bietet sich deshalb an, da sie einfach zu erlernen sind und eine gute Möglichkeit bieten, den Angreifer zu Boden zu bringen.

- Irimi-Nage.

Bild 99a
Bild 99b: *Der rechte Arm des Verteidigers umfasst den Kopf des Angreifers. Es erfolgt ein kontrollierter kreisförmiger Abwurf.*
Bild 99c

- Kaiten-Nage.

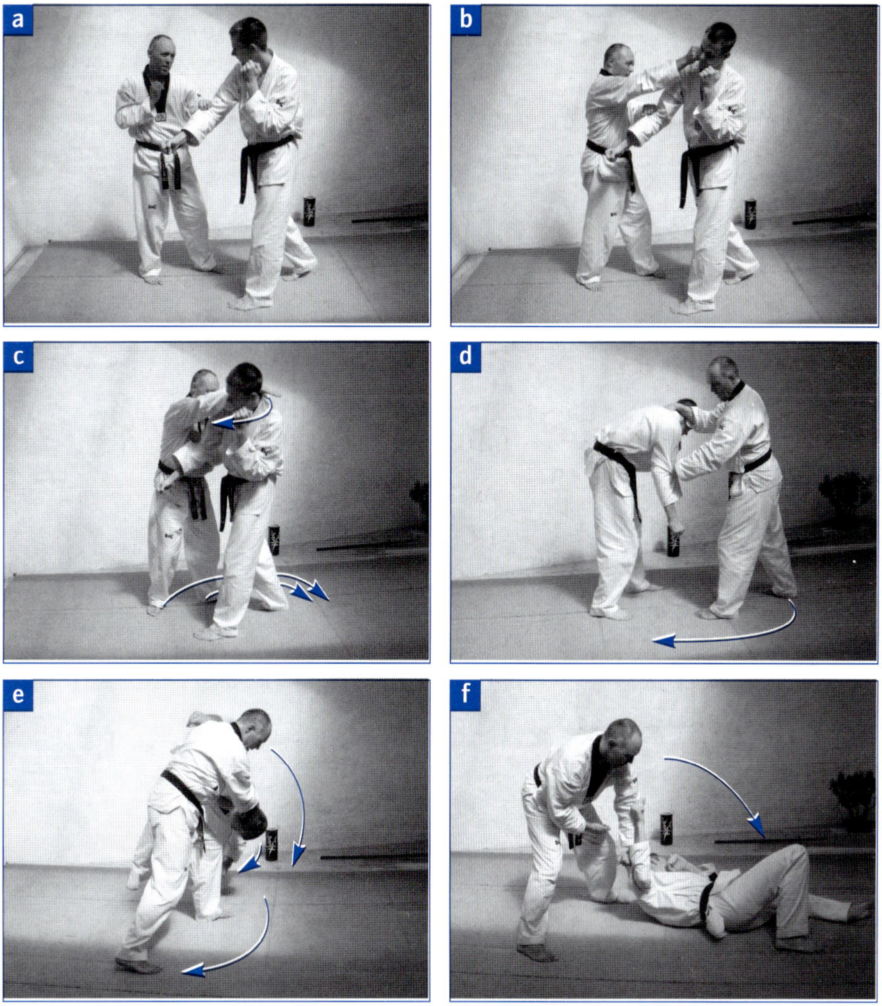

Bild 100a-b
***Bild 100c**: Der Angreifer wird mit einer Doppelschrittdrehung um 180° gedreht.*
***Bild 100d:** Einleitung zum Schleuderwurf (= Kaiten-Nage).*
***Bild 100e:** Abwurf.*
Bild 100f

9 Technische Elemente des Verteidigers

9.1 Tiefe Fußtritte

Im Taekwondo wird viel Aufmerksamkeit und Mühe auf die Entwicklung und Vervollkommnung hoher Fußtechniken verwandt. Für den Bereich der Selbstverteidigung liegt das Schwergewicht auf den tiefen Fußtechniken, da diese *ohne Eigengefährdung* ausgeführt werden können. Diese tiefen Fußtechniken haben zumeist *vorbereitenden Charakter* (Distanzüberbrückung, Stoppen, Reizsetzung, um von anderen Aktionen abzulenken), können aber auch *kampfentscheidend* sein (z. B. Stampftritt auf einen zu Boden gegangenen Angreifer).

Ein Taekwondoka sollte für die Selbstverteidigung ergänzend folgende tiefe Fußtechniken trainieren:

9.1.1 Murup-Chagi

Effektiver Tritt für den extremen Nahkampf. Wichtig ist dabei die Oberkörperkontrolle des Gegners, da schon kleine Distanzänderungen diesen Tritt unwirksam machen.

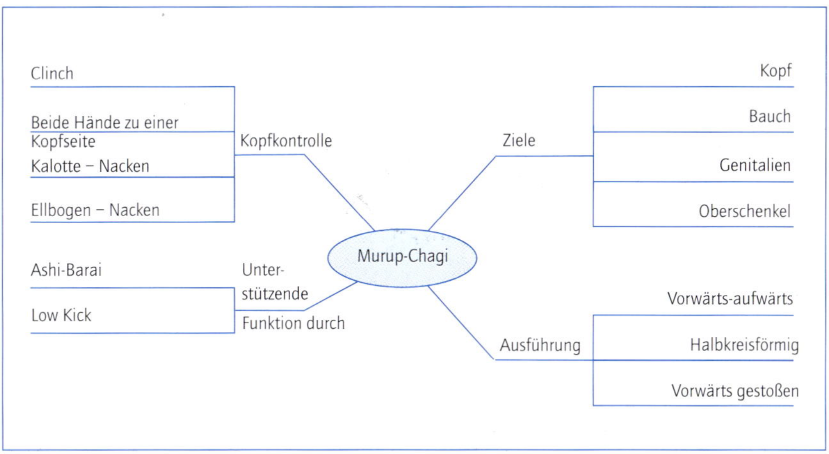

***Mindmap 2:** Murup-Chagi*

9.1.1.1 Ziele

Bild 101: Kopf.

Bild 102: Bauch.

Bild 103: Genitalien.

Bild 104: Innenoberschenkel.

9.1.1.2 Ausführung

Unter der Kategorie „Ziele" wurde die Ausführung *vorwärts-aufwärts* gezeigt. Im Folgenden findet die *halbkreisförmige* sowie die *vorwärts gestoßene Ausführung* Anwendung.

Bild 105:
Halbkreisförmige Ausführung.

Bild 106a: *Das angehobene Knie wird mit starkem Hüfteinsatz vorwärts gestoßen.*
Bild 106b: *Besonders geeignet im Nahkampf, um sich Raum zu schaffen.*

9.1.1.3 Unterstützende Funktion durch ...

Um die Wirkung des Kniestoßes als Einzeltechnik zu verstärken, lassen sich Techniken vorschalten, die das Gleichgewicht des Gegners stören, seine Reaktionszeit verlängern, die ihn also allgemein in einen Zustand der Hilflosigkeit versetzen.

Bild 107a: Durch den Innenfeger wird das Λ seiner Beine verbreitert und damit mögliche Ziele exponiert.
Bild 107b: Tritt in die Genitalien.

Bild 108a
Bild 108b: Der Innen-Low-Kick erfüllt dieselbe Funktion wie ein Innenfeger, er verbreitert das Λ der Beine des Angreifers.
Bild 108c-d

9.1.1.4 Kopfkontrolle

Siehe Kapitel 12 Methoden der Kopfkontrolle.

9.1.2 Ap-Chagi

In der Selbstverteidigung existieren für den Vorwärtsfußtritt unterschiedliche Angriffsziele. Am gebräuchlichsten ist ein direkter Tritt zum Unterleib des Angreifers, der am besten durch Innenfeger, Innen-Low-Kick oder Kniestoß zum Oberschenkel vorbereitet wird, um Schutzreflexe des Gegners unwirksam zu machen.

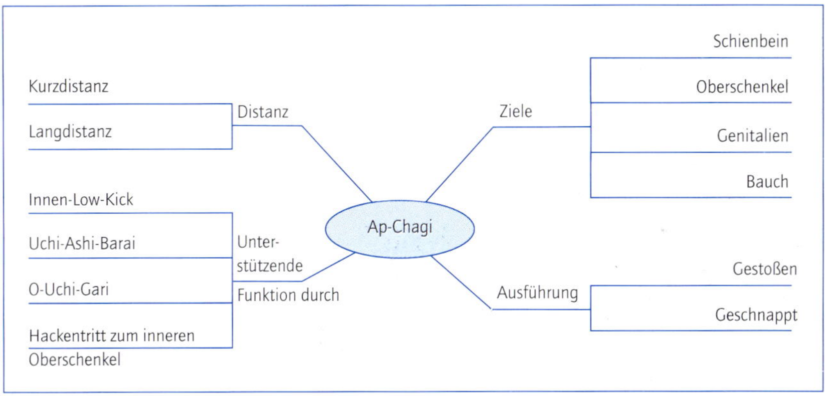

Mindmap 3: Ap-Chagi

9.1.2.1 Ziele

Bild 109: Schienbein.

Bild 110: Knie/Oberschenkel.

Bild 111: Genitalbereich.

Bild 112: Bauch.

9.1.2.2 Ausführung

Man unterscheidet zwei Ausführungsvarianten:

Bei der gestoßenen Variante wird der Zielfokus in den Gegner hineinverlegt und die Bewegungsbahn ist geradlinig (siehe letztes Bild der Kategorie „Ziele", S. 119). Bei der geschnappten Variante liegt eine halbkreisförmige Bewegungsbahn vor und eine Betonung der Rückschnappbewegung (Peitschenprinzip).

Bild 113a
***Bild 113b:** Die Länge der Pfeile symbolisiert, dass der Rückschnappbewegung größere Bedeutung zukommt als der Trittausführung selbst.*

9.1.2.3 Unterstützende Funktion durch ...

Bild 114a: *Innen-Low-Kick, Verbreiterung des* Λ.
Bild 114b: *Trittausführung.*

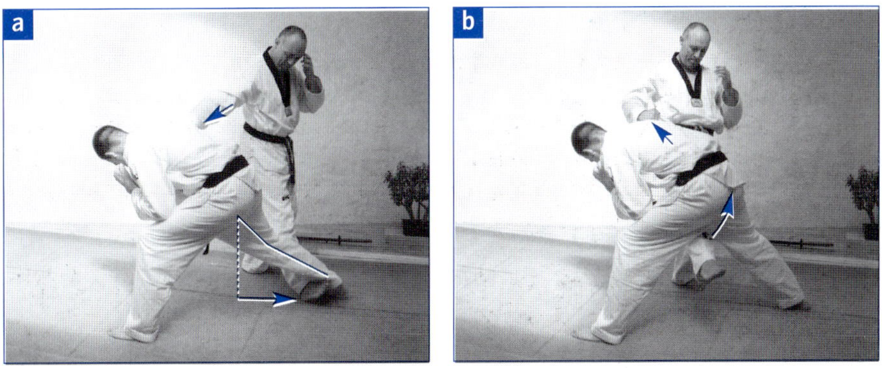

Bild 115a-c

Bild 116a: O-Uchi-Gari.
Bild 116b

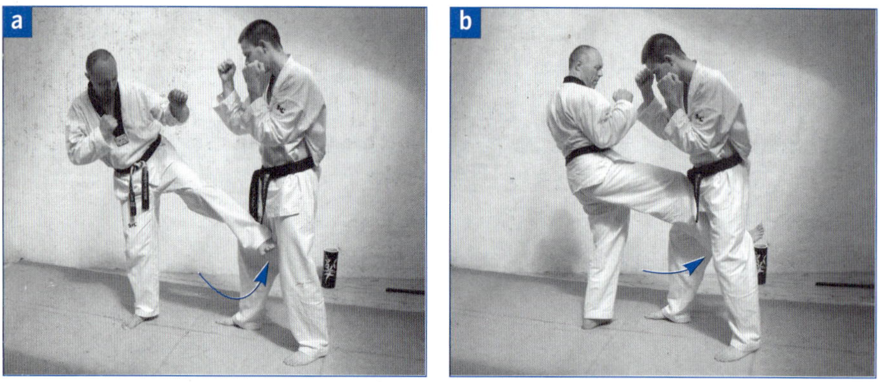

Bild 117a: Hakentritt zur Innenseite des Oberschenkels des Angreifers.
Bild 117b

9.1.2.4 Distanz

In einer Distanz, in der Knietritte nicht möglich sind und die für Fußtritte zu klein ist, lassen sich trotz dieser Handikaps wirksame Fußtritte anbringen, wenn man folgende Kriterien beachtet:

- Die Distanz wird künstlich verlängert, wenn die Hüfte bewusst abgeknickt gehalten wird (siehe nachfolgendes Bild).
- Die Trittwirkung wird verstärkt durch Zug des Angreifers in den Tritt hinein.

Die Autoren empfehlen, für das Selbstverteidigungstraining immer eine Lang- und eine Kurzdistanzversion einer Technik zu trainieren. Zwar befriedigt die Kurzdistanzversion nicht die ästhetischen Bedürfnisse des Taekwondotrainierenden, nur ist die Wahrscheinlichkeit, in einer Selbstverteidigungssituation die optimalen Umfeldbedingungen für eine perfekte Taekwondotechnik vorzufinden, als eher gering einzuschätzen. Die Bedeutung, auch unter Handikapbedingungen (geringe Distanz, Störfaktoren wie enge Kleidung, labiles Gleichgewicht u. a. m.) kraftvolle Techniken ausführen zu können, kann nicht hoch genug eingeschätzt werden!

***Bild 118:** Kurzdistanzversion eines Ap-Chagis.* ***Bild 119:** Langdistanzversion.*

9.1.3 Low-Kick/Tollyo-Chagi (innen und außen)

Low-Kicks sind für den Straßenkampf ein unentbehrliches Werkzeug, da sie sehr hart getreten werden können und schlecht zu blocken sind. Im Training ist darauf zu achten, dass bei der Ausführung die Deckung des Kopfs beibehalten wird.

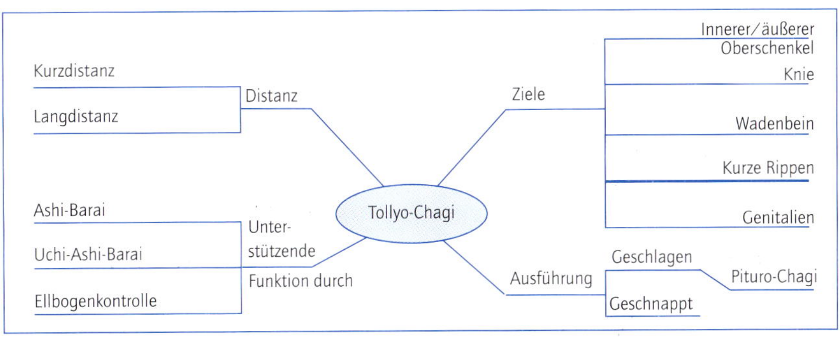

***Mindmap 4:** Tollyo-Chagi*

9.1.3.1 Ziele

Bild 120: *Innenoberschenkel. Der Tritt geht schräg von unten nach oben außen. Ziel ist es, die stabile Stellung des Angreifers zu stören und sein Λ für Folgeangriffe zu öffnen.*

Bild 121: *Äußerer Oberschenkel. Durch diesen Angriff wird die Nervenstraße an der Außenseite des Oberschenkels des Angreifers getroffen. Eine momentane Kraftlosigkeit und Reaktionsunfähigkeit des getroffenen Beins kann daraus resultieren. Der Auftreffwinkel des Tritts beträgt 90°. Bei stärker eingedrehter Hüfte kann der Tritt leicht abwärts getreten werden. Dadurch wird eine ruckartige Dehnung der getroffenen Muskulatur verursacht, die dazu führt, dass der Angreifer in die Knie geht.*

__Bild 122a:__ Trittziel Wadenbein.
__Bild 122b:__ Dieser Tritt wirkt ähnlich wie ein Außenfußfeger. Durch das Auftreffen des Schienbeins auf das Wadenbein des Angreifers kann es zu einem Bruch des Wadenbeins kommen, was einem kampfentscheidenden Treffer entspricht.

__Bild 123:__ Schienbeintritt in die kurzen Rippen. Um maximale Trittwirkung zu erzielen, empfiehlt es sich, leicht aufwärts zu treten.

Bild 124a: *Trittziel Unterleib.*
Bild 124b: *Dies ist ein typischer Kurzdistanztritt. Durch Verlagerung des Oberkörpers in den Außenraum, d. h. seitliches Abbeugen und Kontrollieren des Angreiferarms von der Außenseite, wird eine Lücke geschaffen, die durch einen kurzen, geschnappten Tritt zum Unterleib ausgenutzt wird.*

9.1.3.2 Ausführung

Bild 125a: *Pituro-Chagi. Dabei wird „um die Ecke" getreten, d. h., es handelt sich um einen Halbkreisfußtritt von innen nach außen.*
Bild 125b: *Im Wettkampftaekwondo spielt dieser Tritt keine Rolle mehr. Für die Selbstverteidigung stellt er allerdings eine wertvolle Bereicherung dar, da er völlig überraschend für den Angreifer getreten werden kann.*

Bild 126a: *Gestoßener Low-Kick. Der Tritt ist eine Nahkampftechnik, die dazu benutzt wird, das Bein des Angreifers zu überstrecken und dadurch sein Gleichgewicht zu stören.*
Bild 126b: *Das tretende Schienbein wird parallel zum Boden in die Ausgangsstellung gebracht und geradlinig, schräg abwärts durch den Oberschenkel des Gegners gerammt.*
Bild 126c

9.1.3.3 Unterstützende Funktion durch ...

Bebilderung siehe in den Kapiteln der entsprechenden Techniken.

9.1.3.4 Distanz

Es ist wichtig, dass diese Techniken auch auf engerer Distanz mit Kraft ausgeführt werden können. Empfehlenswert ist die Integration einer Aufgabenstellung in das Training, die enge Distanz vorschreibt.

9.1.4 Stopptritt

Tritt mit der Innenkante (Zehen zeigen ca. 45° nach außen) oder der Außenkante (Zehen zeigen ca. 45° nach innen) des Fußes zum Schienbein, Knie, Oberschenkel, Hüftgelenk des Angreifers. Wird der Stopptritt als Yop-Chagi in klassischer Form weit eingedreht ausgeführt, besteht die Gefahr, dass der Angreifer in den Rücken des Verteidigers gelangt.

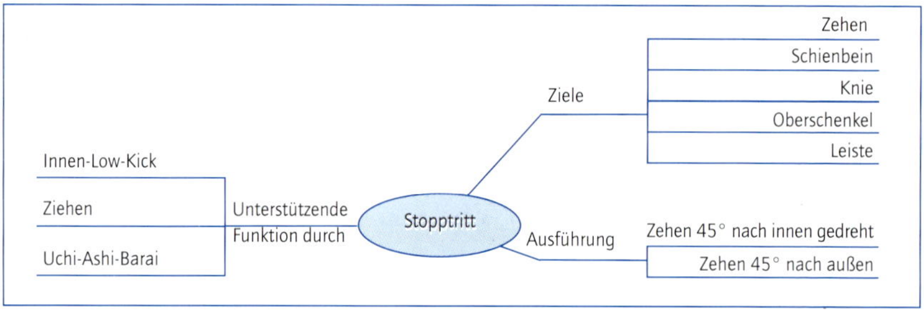

Mindmap 5: *Stopptritt*

9.1.4.1 Ziele

Bei den hier aufgeführten Versionen werden die Zehen ca. 45° nach außen gedreht. Getroffen wird mit der Fußkante/Fußsohle. Diese Tritte können sehr schwer geblockt werden, da sie auch auf engster Distanz getreten werden können. Sie bilden darüber hinaus einen hervorragenden Auftakt für entscheidende Folgetechniken.

Bild 127: *Zielregion Fußspann/Schienbein.*

Bild 128: *Zielregion Knie/Oberschenkel.*

Bild 129: *Zielregion Leiste/Unterleib.*

9.1.4.2 Ausführung

Bild 130: Bei dieser Version werden die Zehen ca. 45° nach innen gedreht. Es handelt sich hier um eine Art Yop-Chagi. Der Nachteil dieser Version besteht darin, dass der Verteidiger bei Verfehlen seines Ziels exponiert steht und der Angreifer sehr schnell in seinen Rücken gelangen kann.

9.1.4.3 Unterstützende Funktion durch ...

Bild 131a: Innen-Low-Kick
Bild 131b: Durch die vorhergegangene Technik wird der Stand des Gegners erschüttert. Der nachfolgende Stopptritt zerstört sein Gleichgewicht völlig.

9.1.5 Stampftritte

- Gegen zu Boden gegangene Angreifer.
- Zu den Zehen/Fußspann rückwärts.
- Zu den Zehen/Fußspann vorwärts.

Die Innenkante des tretenden Fußes setzt am Schienbein an und tritt in eine Abwärtsbewegung bis zum Fuß durch.

Abbildungen siehe vorangegangene Kapitel.

9.2 Armtechniken in der Selbstverteidigung

9.2.1 Chirugi/Batangson

Der Stellenwert von Stoßtechniken in der Selbstverteidigung ist durch ihre Schnelligkeit und Härte gerechtfertigt. Im Gegensatz zum Wettkampftaekwondo und zur Taekwondogrundschule wird beim Fauststoß die Variation des Sewo-Chirugi (Steilfaust) angewendet.

Durch diese Fausthaltung ist eine größere Stabilität des Handgelenks und damit eine geringere Verletzungsgefahr in einer Ernstfallsituation gegeben. Stöße mit dem Handballen ermöglichen auch Frauen mit schwachen Handgelenken, harte Stoßtechniken in der Selbstverteidigung anzubringen.

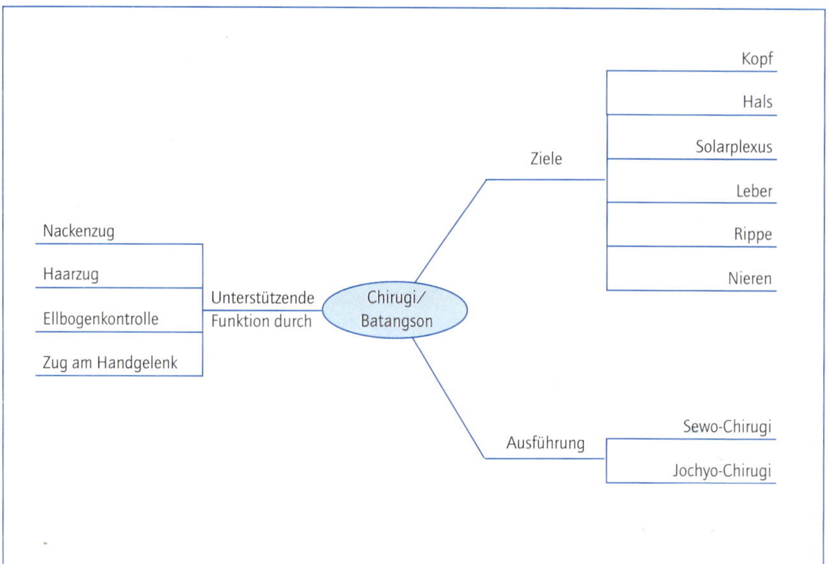

Mindmap 6: Chirugi/Batangson

Bild 132a: Ausgangsstellung für eine geschnappte Steilfaust.
Bild 132b
Bild 132c: Stellung der Faust beachten!

Die Steilfaust kann in jeder Angriffshöhe so eingestellt werden, dass die Knöchel treffen, ohne an Stabilität zu verlieren! Bei der regulären, eingedrehten Faust ist das nicht der Fall.

Bild 133: Anwendung der Steilfaust.

9.2.2 Haken

Haken ermöglichen es, auf kurze Entfernung Trefferwirkung zu erzielen und um Hindernisse wie die Deckung herum zu schlagen.

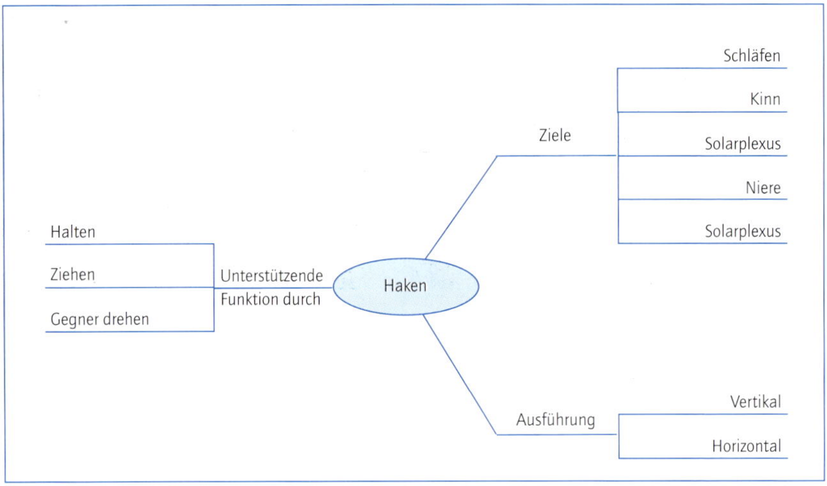

***Mindmap 7:** Haken*

***Bild 134:** Zur Verstärkung der Trefferwirkung ist es notwendig, die Hüftrotation und Beinstreckung in die Technik zu integrieren. Die Hüftrotation wird ermöglicht durch Auswärtsdrehen und Anheben der Ferse auf der Schlagseite.*

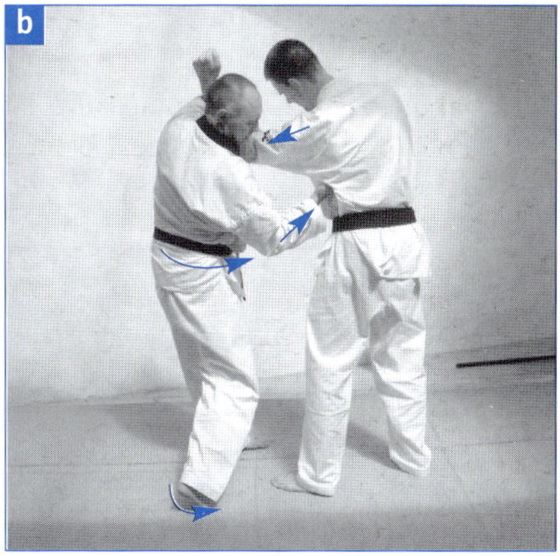

Bild 135a: *Durch die Schaufelbewegung des linken Arms des Verteidigers wird die linke Rumpfseite des Angreifers auseinander gezogen und exponiert.*
Bild 135b: *Es erfolgt ein Haken in die kurzen Rippen.*

9.2.3 Pyonsonkut-Chirugi

Die bevorzugten Ziele für Fingerspitzenstöße sind die Augen. Dadurch ist bei der Anwendung keine besondere Kraft erforderlich, dafür aber Präzision und Schnelligkeit. Getroffen wird mit den *Fingerkuppen* (s. Grafik 6). Durch die zum Unterarm angewinkelte Hand entstehen keine Verletzungen, wenn die Finger auf eine harte Oberfläche treffen. Die Augen können auch mit der *Handkralle* angegriffen werden.

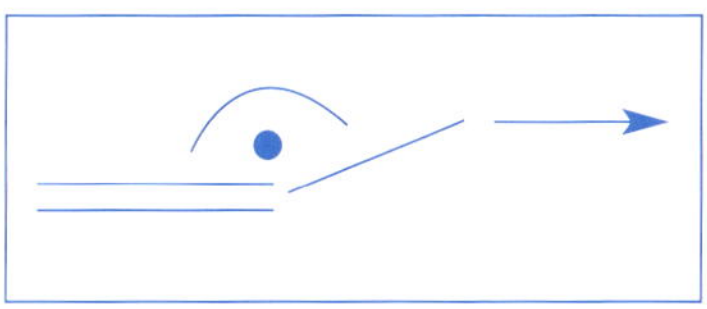

Grafik 6

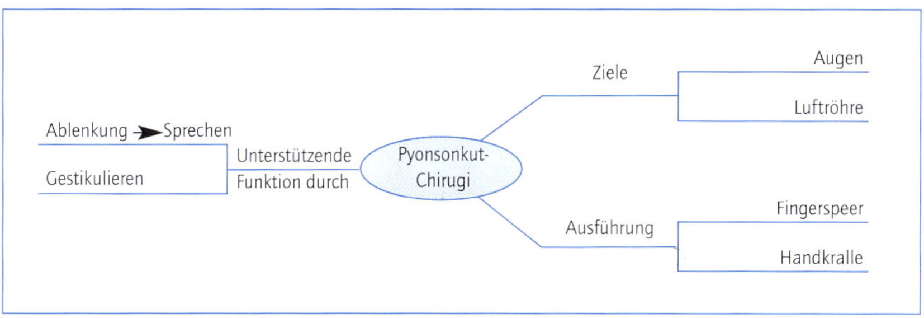

Mindmap 8: *Pyonsonkut-Chirugi*

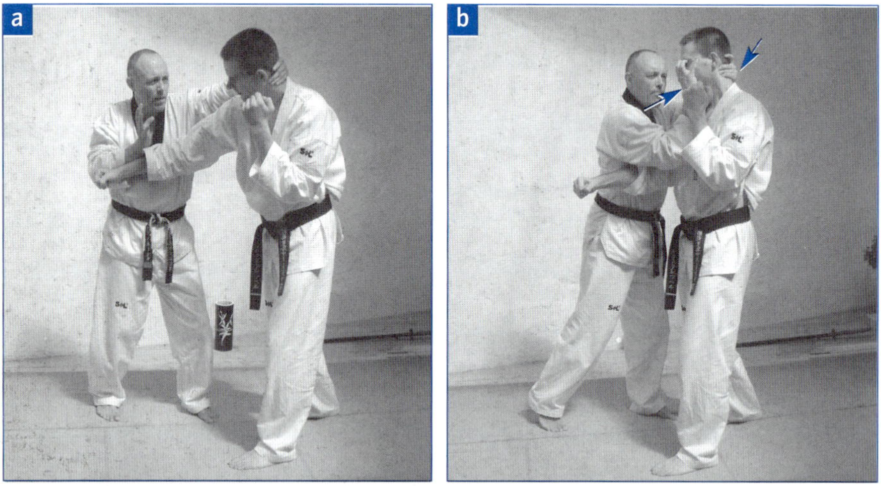

Bild 136a

Bild 136b: *Die Krallenhand in die Augen wird verstärkt durch Nackenzug. D. h., der Angreifer kann nicht ausweichen.*

Bild 137: *Man beachte den Anstellwinkel der Hand!*

Bild 138: *Angriff auf die Luftröhre. Um den Angreifer zu Boden zu bringen, mit den Fingern hinter das Brustbein nach unten zudrücken.*

Bild 139a: Hilflosigkeitsgeste: „Was wollen Sie von mir?"
Bild 139b: Nach dieser psychologischen Vorbereitung direkter Angriff auf das Auge. Man beachte den Anstellwinkel der Hand.

9.2.4 Palkup-Chiki

Ellbogentechniken sind die Nahkampfwaffe schlechthin! Da diese Techniken im herkömmlichen Taekwondotraining nicht mehr trainiert oder vernachlässigt werden, ist es notwendig, die unterschiedlichen Versionen der Ellbogentechniken (siehe unten) am Sandsack, an der Pratze und unter Situationsvorgaben mit dem Partner intensiv zu trainieren.

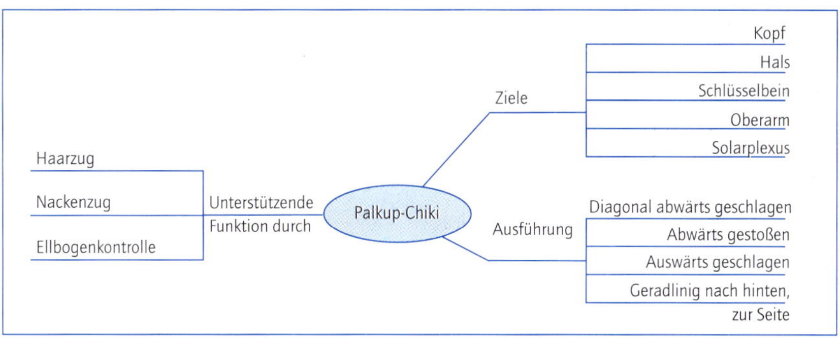

Mindmap 9: Palkup-Chiki

Bild 140: Ziel: Gesicht/Kopf.

Bild 141: Ellbogenschlag aufwärts. Zielregion: Kinn/Hals.

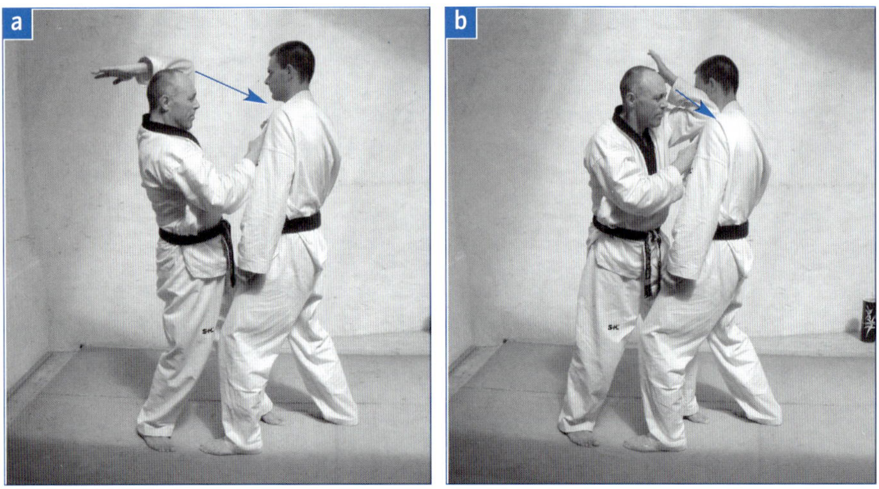

Bild 142a: *Ausholbewegung zum vorwärts gestoßenen Ellbogenstoß.*
Bild 142b: *Zielregionen: Schlüsselbein, Gesicht, Brustbein.*

Bild 143: Zielregion: Oberarm, Schultermuskelansatz. Dieser Schlag kann zu einer kurzfristigen Kraftlosigkeit des Arms führen und eröffnet damit Möglichkeiten zu kampfentscheidenden Folgetechniken.

Bild 144: Ellbogenstoß rückwärts. Die freie Hand verstärkt den Stoß.

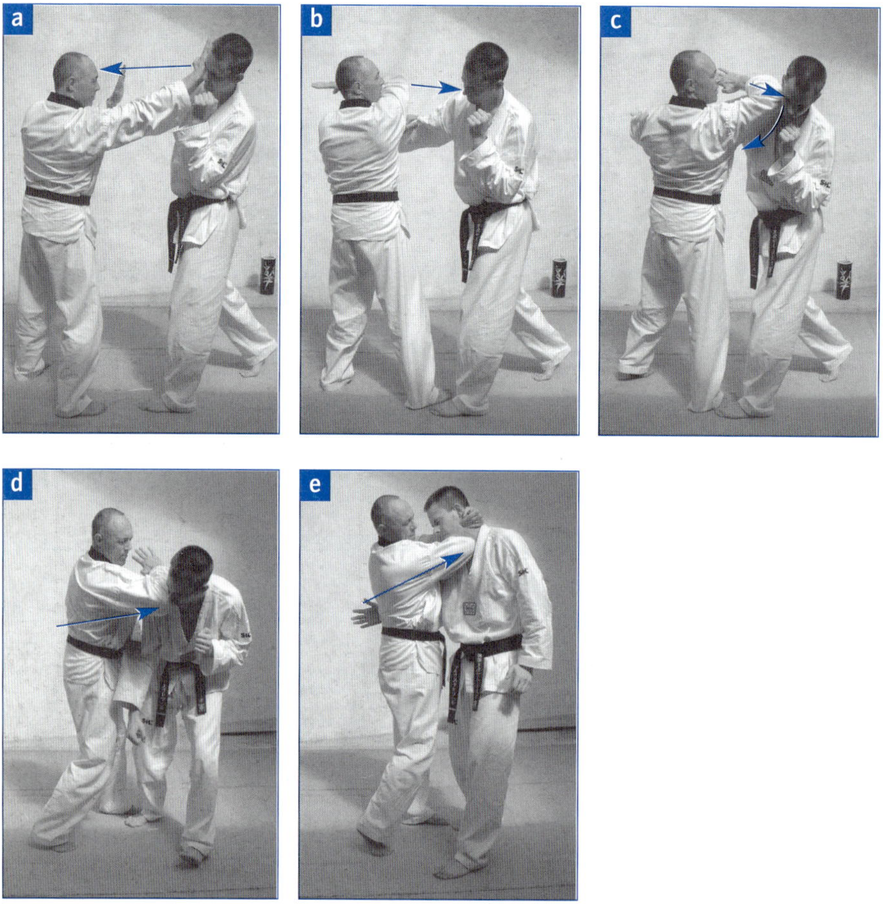

Bild 145a: *Abwehr im Innenraum mit gleichzeitigem Handkantenkonter.*
Bild 145b: *Ausholbewegung zum Seitwärtsellbogenstoß.*
Bild 145c: *Ausführung des Ellbogenstoßes.*
Bild 145d: *Ellbogenschlag diagonal aufwärts.*
Bild 145e: *Nachfassen zum Nackenzug mit gleichzeitigem Ellbogenangriff zum Kinn/Hals.*

9.2.5 Me-Jumok-/Sonnal-Chiki

Vorteile der Hammerfaust bzw. der Handkante in der Selbstverteidigung sind die geringe Verletzungsanfälligkeit bei großer Kraftentfaltung auf geringer Distanz.

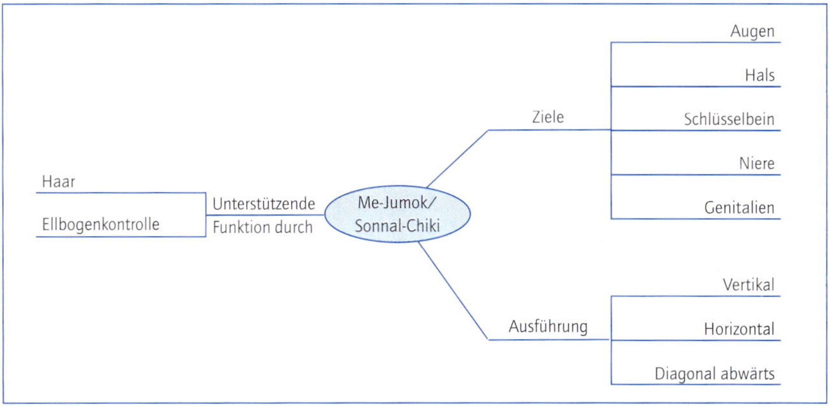

Mindmap 10: *Me-Jumok-/Sonnal-Chiki*

Bild 146: *Hammerfaust zur Schläfe. Bewegungsausführung ist dieselbe wie für An-Makki!*

Bild 147: *Handkante zum Hals.*

Bild 148: *Geradlinig gestoßene Handkante zum Schlüsselbein.*

Bild 149: *Hammerfaust zu den Nieren.*

Bild 150: *Umgekehrte Hammerfaust zu den Genitalien. Während der Ausführung des Schlags wird der Körper scharf in die Gegenrichtung gedreht.*

Bild 151a: *Angriff: Umklammerung unter den Armen des Verteidigers.*
Bild 151b: *Gegenangriff: Haarzug mit Hammerfaust von oben.*

Bild 152a: *Abwehr im Innenraum mit gleichzeitigem Fingerstich zum Auge.*
Bild 152b: *Die abwehrende Hand verwandelt sich in eine Hammerfaust zum Kieferwinkel. Der Angriff wird durchgezogen ...*
Bild 152c: *... und wird zu einer umgekehrten Hammerfaust zu den Genitalien.*
Bild 152d: *Der Verteidiger dreht sich wieder zum Angreifer und schlägt eine Hammerfaust rechts zum Gesicht.*

9.3 Spezielle Techniken

9.3.1 Kopfstoß

Der Kopfstoß stellt eine Art „ultima ratio" in der extremen Nahdistanz dar. Durch das Gewicht des Kopfs (ca. 4-4,5 kg) lässt sich mit einem Kopfstoß eine durchschlagende Wirkung erzielen. Zur Vermeidung eigener Gefährdung muss jedoch beachtet werden, dass mit dem vorderen Teil des Schädeldachs getroffen wird und *nicht* mit der Stirn!

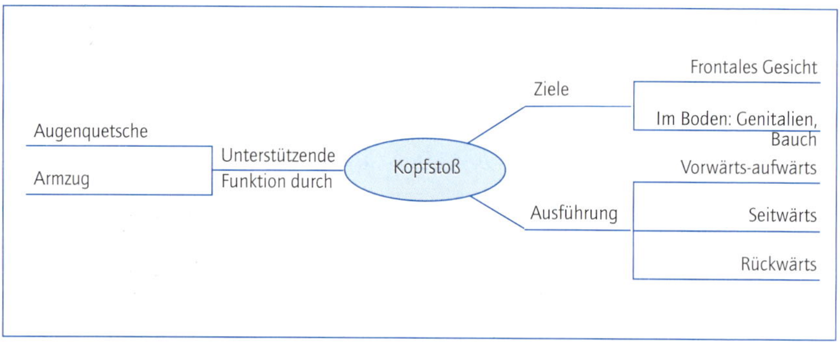

***Mindmap 11:** Kopfstoß*

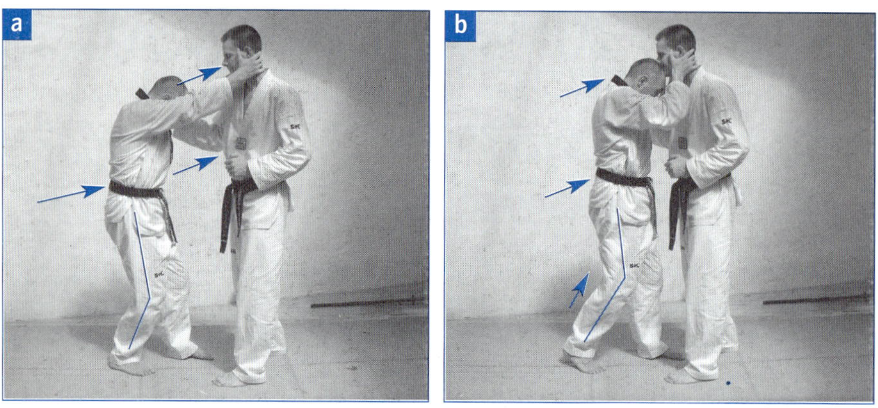

***Bild 153a:** Der Kopf des Angreifers wird mit den Händen fixiert. Der Kopfstoß vorwärts ist eine gerade, schräg aufwärts gerichtete Bewegung.*
***Bild 153b:** Verbunden mit der Stoßbewegung des Kopfes ist eine Translationsbewegung des gesamten Rumpfs, gekoppelt mit einer Beinstreckung (= Abstoßbewegung).*

Bild 154: Eine unkonventionelle Anwendung des Kopfstoßes in der Bodenlage! Zielregion des Kopfstoßes ist der Bauch bzw. der Solarplexus.

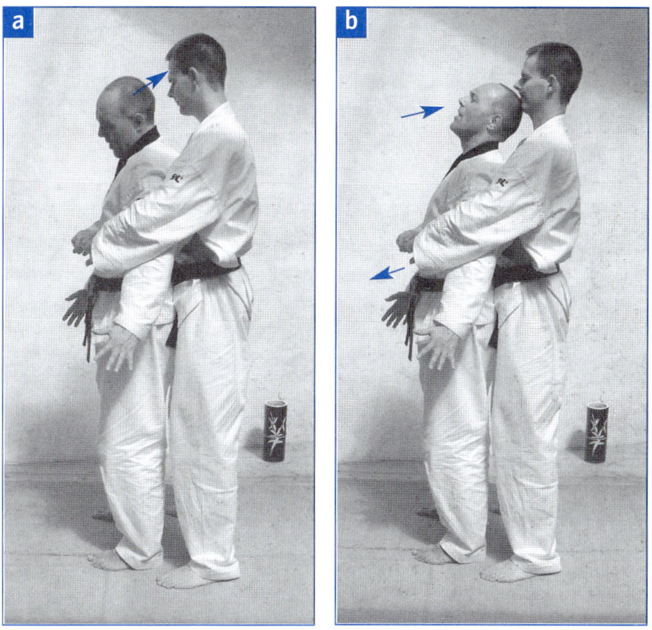

Bild 155a: Ausgangsposition zum Kopfstoß rückwärts.
Bild 155b: Der Kopfstoß erfolgt durch Zurückreißen des Kopfs und Überstreckung des Körpers (= Vorschieben des Bauchs).

Bild 156a: *Der Angriff von oben wird im Innenraum mit der linken Hand des Verteidigers geblockt. Eine sofortige Weiterführung des Angriffs wird durch Unterhaken mit dem rechten Arm weitergeleitet. Dadurch kommt der Verteidiger in den Außenraum.*

Bild 156b: *Der Oberarm des Angreifers wird mit beiden Händen gefasst ...*

Bild 156c: *... und zur Verstärkung des seitlichen Kopfstoßes weitergeführt.*

Bild 157a: *Durch den Kopfstoß erfolgt eine Überstreckung des Angreifers.*

Bild 157b: *Dies wird durch einen sofort anschließenden Kniestoß zum Unterleib ausgenutzt.*

9.3.2. „Dirty Tricks"

Unter *Dirty Tricks* wollen wir im folgenden die Summe aller Gemeinheiten verstehen, die man normalerweise als „aufrechter Budoka" verschmähen würde. Doch diese kleinen Gemeinheiten können uns im Ernstfall den entscheidenden Vorteil verschaffen, der notwendig ist, um heil aus der Situation herauszukommen. Aus diesem Grunde soll der Taekwondolehrer im Selbstverteidigungstraining das Bewusstsein seiner Schüler auch auf diese Möglichkeiten lenken.

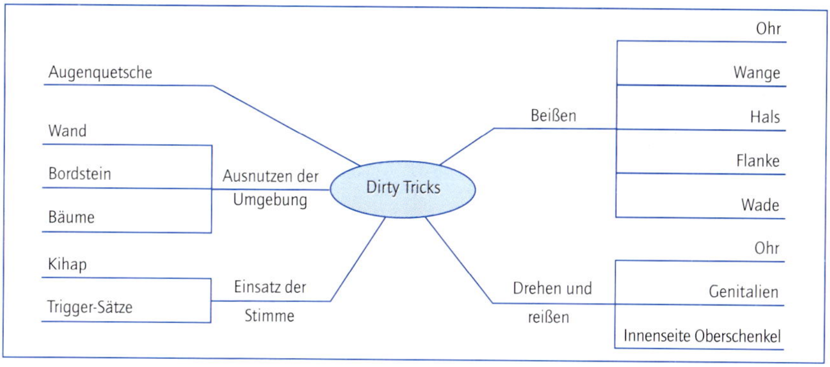

***Mindmap 12:** Dirty Tricks*

Bild 158

Bild 159

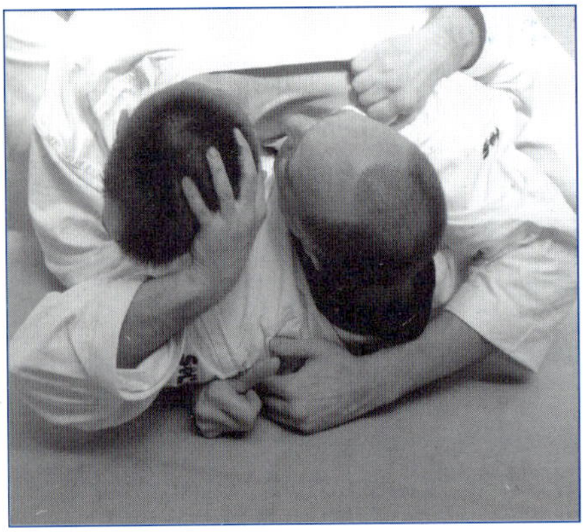

Bild 160

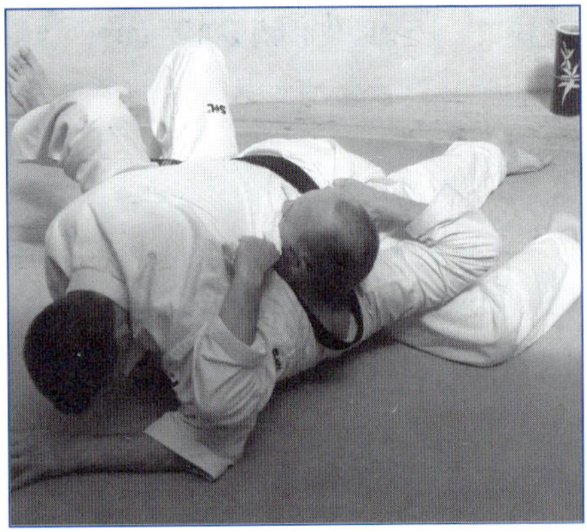

Bild 161

Bild 162

Bild 163: Die Innenseiten der Oberschenkel sind sehr empfindliche Ziele. In der dargestellten Situation führt ein Kneifen und Verdrehen dazu, dass sich der Griff um den Hals lockert und somit die Möglichkeit entsteht, sich zu befreien.

10 Der Einsatz der Stimme

Die Stimme kann in der Selbstverteidigung auf verschiedene Weise eingesetzt werden und verschafft – richtig angewandt – dem Verteidiger einen *taktischen Vorteil.* Dieser taktische Vorteil wird durch *Ablenkung bzw. Aufmerksamkeitslenkung* oder durch *Hervorrufen eines kurzfristigen Überraschungsmoments* erzeugt. Der Verteidiger kann zum Beispiel mit etwas verwirrter Miene fragen: „Was haben Sie gesagt?" oder: „Wie bitte? Ich habe Sie nicht verstanden." Ein Wort aus der Mitte dieses Satzes dient als *Trigger (= Auslöser)*, bei dem der Verteidiger in Aktion tritt. Das Hirn des Angreifers wird mit Informationen „gefüttert", die ihn von seiner ursprünglichen Intention ablenken. Dadurch hat der Verteidiger einen *Zeitvorteil*, den er konsequent nutzen sollte.

Sprache kann auch *deeskalierend* eingesetzt werden (auch und gerade wegen möglicher Zeugen!). „Ich will keinen Streit!" und: „Lassen Sie mich bitte in Ruhe!", sind Beispiele für die *deeskalierende Funktion von Sprache in einer Selbstverteidigungssituation.* Am besten verbindet der Einzelne in seinem Training *(versuchte) Deeskalation und Trigger und Aktionen.* Diese Elemente müssen in *Rollenspielen* eingeübt werden, damit sie glaubwürdig wirken. Das bedeutet auch, dass der Integration der Bestandteile vor der eigentlichen Selbstverteidigungsaktion größere Aufmerksamkeit im Selbstverteidigungstraining gewidmet werden muss!

Der Einsatz des *Kihaps (= Kampfschrei)* in einer Selbstverteidigungssituation hat folgende Funktionen:

- Er wirkt als Selbstmotivation und Selbstbefehl.
- Durch die explosive Ausatmung wird die Technik fokussiert, da die Muskeln des Rumpfs angespannt sind.
- Beim Angreifer ruft ein plötzlicher, gellender Kihap einem kurzen Schockmoment hervor.

Vor allem in der Frauenselbstverteidigung ist immer wieder zu beobachten, welche Schwierigkeiten die Teilnehmer damit haben können, ihre *Stimme zu erheben und laut zu werden.* Die Stimme als *Ausdruck und Manifestation der Selbstbehauptung* bedarf des gleichen Trainings wie Tritte, Schläge und die anderen Elemente der Selbstverteidigung!

11 Das Blickverhalten des Verteidigers in der Selbstverteidigung

Für die Selbstverteidigung ist eine situationsangemessene Wahrnehmung und ein kontinuierlicher Informationsfluss nötig, um eine realistische Situationseinschätzung vornehmen zu können. Der Blickhaltung des Verteidigers kommt in diesem Zusammenhang eine entscheidende Bedeutung zu. Leitfragen zum Blickverhalten lauten: „*Wie* soll das Blickverhalten sein?" und: „*Was* soll fixiert werden?"

Aus physiologischer Sicht bietet eine *konstante Blickrichtung* den Vorteil, den Informationsfluss bzw. die Wahrnehmung nicht zu unterbrechen. Lässt der Verteidiger den Blick schweifen, d. h., fixiert er nacheinander verschiedene Blickpunkte, so gibt es zwar aus seiner subjektiven Perspektive keine Unterbrechungen der Wahrnehmung, neurophysiologisch jedoch kommt es zu einer Wahrnehmungsunterbrechung in zeitlichen Größenordnungen, die für den Verteidiger gefährlich werden können. Aus Untersuchungen mit Spitzenfechtern hat sich herauskristallisiert, dass eine zentralisierte Blickhaltung einen nahezu ungestörten Informationsfluss gewährleistet.

Die Blickrichtung muss so sein, dass sämtliche Bewegungen des Angreifers im Gesichtsfeld des Verteidigers wahrnehmbar sind. Empfehlenswert ist es, auf einen Punkt zu blicken, der in einem Dreieck liegt, das von Schulterspitzen und Brustbein des Gegners begrenzt wird.

Bild 164

12 Methoden der Kopfkontrolle

Der *Aspekt der Kontrolle* spielt eine wichtige Rolle in der Selbstverteidigung. Während der Wettkampf als eine Art Kampfspiel zu betrachten ist (Abschlagspiel: Ich lande einen Punkt und verhindere, dass du einen Punkt bei mir machst), kann diese Einstellung in der Selbstverteidigung fatale Folgen haben. In einer Selbstverteidigungssituation muss der Verteidiger dafür Sorge tragen, so frühzeitig als möglich Kontrolle über die Situation bzw. den Angreifer zu bekommen. Diese Kontrolle wird in manchen Konstellationen ausreichend sein, in den meisten Fällen aber nur eine Möglichkeit darstellen, kampfentscheidende Techniken anzubringen. Gelingt es, den Kopf zu kontrollieren, ist der restliche Körper ebenfalls in der Gewalt des Verteidigers. Das bezieht sich sowohl auf die *mentale Beeinflussung* (Aufmerksamkeitslenkung, Blockierung durch situationsfremde Stimuli) als auch ganz handfest auf die *physische Kontrolle*. Da der Kopf das *Steuerungszentrum des Körpers* ist, sollten die Methoden der Kopfkontrolle sorgfältig trainiert und in das individuelle Selbstverteidigungsrepertoire eingebaut werden. Diese Methoden beziehen sich vor allem auf die *Nahdistanz* als auch zum Teil auf den *Boden*.

Diese Methoden werden nun im Einzelnen vorgestellt.

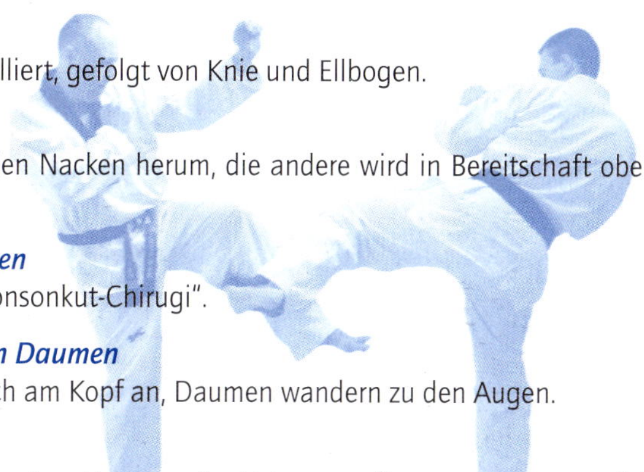

- ***Einhändig***
  Der Nacken wird kontrolliert, gefolgt von Knie und Ellbogen.
- ***Diagonal einhändig***
  Eine Hand „hakt" um den Nacken herum, die andere wird in Bereitschaft oben gehalten.
- ***Fingerstich zu den Augen***
  Siehe Kapitel 9.2.3 „Pyonsonkut-Chirugi".
- ***Augenquetsche mit den Daumen***
  Die Hände liegen seitlich am Kopf an, Daumen wandern zu den Augen.
- ***Clinch***
  Beide Hände umfassen den Nacken, die Unterarme liegen nahezu parallel, beide Hände liegen ineinander, die Handflächen liegen auf der Hinterhauptschuppe („der kleine Knubbel am Hinterkopf").

Bild 165a
Bild 165b: Der Kopf des Angreifers wird zur eigenen Schulter oder in die Ellbeuge gezogen.

a) Eine Hand fasst die Handkantenseite der anderen.

b) Eine Hand fasst die Daumenseite der anderen.

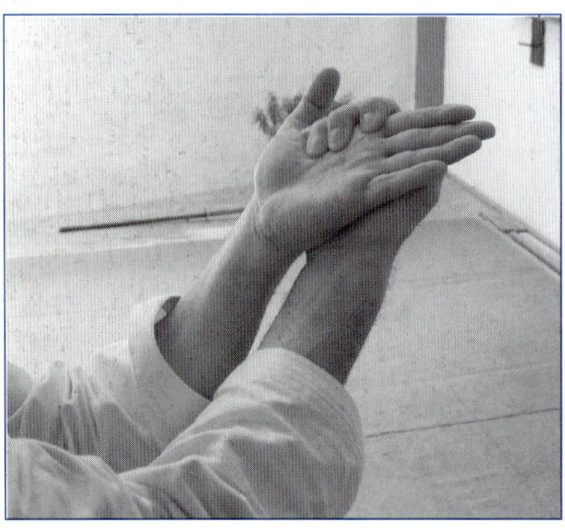

Bild 166

Bild 167

c) Die Hände nicht falten, da sie dann nicht mehr voneinander gelöst werden können.

- ***Beide Hände liegen an einer Seite des Kopfs***
  Der Kopf kann so in einen seitlichen oder halbkreisförmigen Kniestoß gezogen werden.

Bild 168

- ***Eine Hand auf dem Kopf, die andere um den Nacken***
  Gute Ausgangsposition für ein ruckartiges Herunterziehen des Kopfs.

Bild 169

- *Die **diagonale Hand kontrolliert den Nacken, die andere den Ellbogen***

Bild 170

Bild 171

- ***Krallenhand zum Adamsapfel, andere Hand zum Haarzug***
- ***Haarzug***
- ***Genickhebel (Boden)***

13 Selbstverteidigung gegen Waffen

In dem Augenblick, in dem Waffen eingesetzt werden, besteht auf Seiten des Angreifers *Verletzungs- und/oder Tötungsabsicht.* Das fordert vom Verteidiger absolute Konsequenz und Entschlossenheit in seiner Abwehr und rechtfertigt auch den Einsatz härtester Mittel!

Die beste Option – wenn die Möglichkeit besteht – liegt darin, der Auseinandersetzung aus dem Wege zu gehen, sprich: wegzulaufen!

Es gibt – wie immer in der Selbstverteidigung – keine Gewinner. *Der Verteidiger muss auf jeden Fall damit rechnen, verletzt zu werden!* Diese Tatsache muss man sich in der *mentalen Vorbereitung* (auch Teil des Selbstverteidigungstrainings!) immer wieder vor Augen halten. Der *Aspekt der Eigensicherung* hat hier eine noch größere Bedeutung als bei den Angriffen ohne Waffen. Stellvertretend für das Arsenal an Waffen, das heutzutage auf den Straßen zum Einsatz kommt, werden hier Stock/Baseballschläger, Kette und Messer behandelt.

13.1 Stock/Baseballschläger

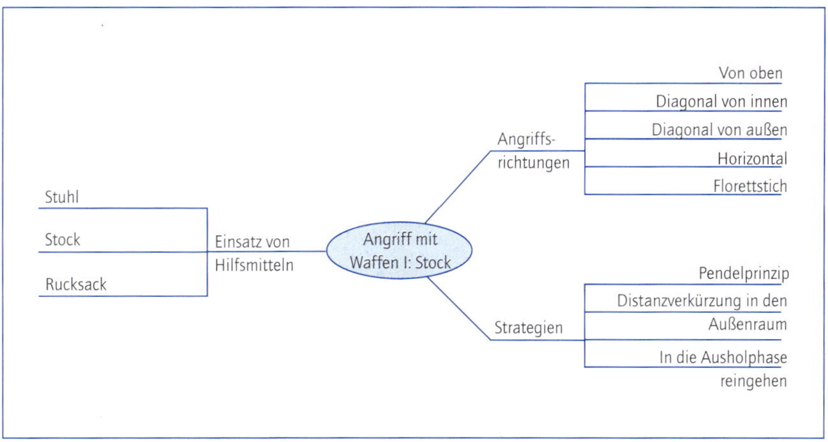

***Mindmap 13:** Angriff mit Waffen I: Stock*

Stock/Baseballschläger sind Waffen, die die *Reichweite des Anwenders* erhöhen und gleichzeitig seine Schlagstärke. Der gefährliche Teil der Waffe liegt in der Nähe der Spitze, wo die höchste Geschwindigkeit und Schlaghärte erreicht wird. Die Leitfrage für die Selbstverteidigung gegen Stock/Baseballschläger lautet daher auch: Wie komme ich aus dem Bereich der Spitze heraus?

Die *Schlagfiguren*, die sich mit dem Stock/Baseballschläger beschreiben lassen, sind *kreisähnlich* bzw. haben eine *gekrümmte Bewegungsbahn*. Weiterhin sind Stiche (Ziel: Gesicht, Kehlkopf, Solarplexus, Unterleib) und *Stöße mit dem beidhändig gehaltenen* Stock/Baseballschläger möglich. Wir befassen uns hier in erster Linie mit der Abwehr von Angriffen mit kreisähnlicher Bewegungsbahn, da diese in der Praxis am häufigsten vorkommen.

Für den Verteidiger ergeben sich *zwei Hauptprobleme*:

- Exakte Distanzeinschätzung.
- Antizipation des Angriffswinkels (aus welcher Richtung kommt der Schlag?).

Als *grundsätzliche Strategien* kommen in Frage:

- Aus der Kreislinie, die die Spitze der Waffe beschreibt, herausgehen und sobald die Spitze passiert hat, zum Gegenangriff vorgehen.

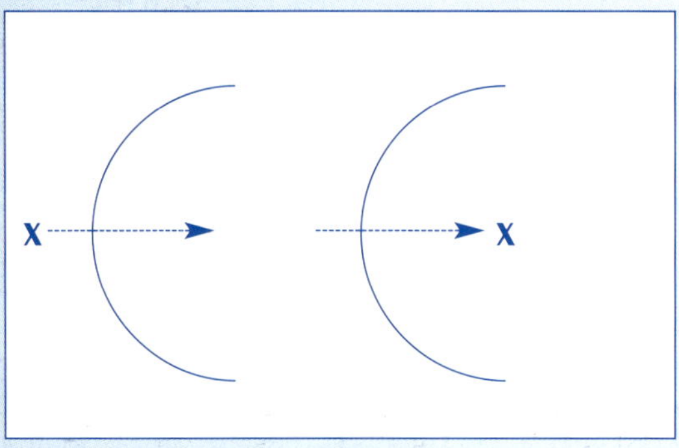

Grafik 7

- In den Ausholvorgang (= „in den Kreis") hineingehen. Es ergibt sich das *Problem des exakten Timings.*

Beide Strategien sollen im Training zur Anwendung kommen.

Als Erstes müssen im Training die verschiedenen *Angriffsbahnen*, die ein Stock/Baseballschläger beschreiben kann, *in Zeitlupe* erarbeitet werden.

Die Aufgabenstellung kann lauten, *so knapp wie möglich aus der Reichweite des Stocks/Baseballschlägers zu bleiben oder den antizipierten Kreisbogen zum richtigen Zeitpunkt zu betreten* und damit die Waffe unwirksam zu machen. Wenn eine Gewöhnung an die Reichweite der Waffe erfolgt ist, wird die Schnelligkeit, mit der angegriffen wird, erhöht. Beide Prinzipien – *Pendelprinzip* und *direktes Hineingehen* – sollen auch mit Stock/Baseballschläger *verschiedener Länge* trainiert werden, um die Distanzeinschätzung zu schulen.

Der Verteidiger soll nicht versuchen, einen Schlag zu stoppen, sondern besser *weiterzuleiten*, da das Eigengewicht der Waffe auch bei erfolgreichem Stoppvorgang zu einer Gefährdung führen kann!

Ausgewählte Beispiele für die Abwehr von Stock/Baseballschlägern

Der Angreifer ist Rechtshänder.

Bild 172a-b

Bild 173a-b

Bild 174a-b

Bild 175a-b

Beim Üben mit Waffen ist es sinnvoll, Schutzausrüstungen zu verwenden, da diese ein gefahrloses Üben – auch bei realistischem Einsatz der Waffen – ermöglichen. Dadurch werden Bewegungsmuster antrainiert, die unter Ernstfallbedingungen tauglich sind.

Für das Training der Selbstverteidigung gegen den Stock eignen sich vor allen Dingen Helme mit Vollvisier, wie sie uns freundlicherweise von der Firma KUNTAO zur Verfügung gestellt wurden (siehe Anhang 3).

Bild 176a
Bild 176b: *Bei dieser Abwehr kommt das Pendelprinzip zum Einsatz. Das bedeutet, dass der Verteidiger sich so weit aus der Reichweite der Waffe begibt, dass sie ihn knapp verfehlt.*
Bild 176c: *Direkt im Anschluss erfolgt eine Ellbogenkontrolle mit der linken Hand ...*
Bild 176d: *... gefolgt von einem Fauststoß zum Kopf. Die schlagende Hand wird zur Kontrolle des Stockarms des Angreifers eingesetzt.*
Bild 176e: *Es folgt ein Stopptritt zur Innenseite des linken Knies des Angreifers kombiniert mit einem Zug am Waffenarm.*
Bild 176f: *Der Verteidiger leitet eine Doppelschrittdrehung um 180° ein und führt den Hebel bis zum Boden weiter.*

Fortsetzung nächste Seite

Bild 177a: *Im Gegensatz zur vorher behandelten Sequenz erfolgt hier eine direkte Kontaktaufnahme des rechten Arms des Verteidigers mit dem Angriffsarm.*

Bild 177b: *Durch diese frühzeitige Kontaktaufnahme erfüllt der gestreckte rechte Kontaktarm die Funktion einer Leitplanke. D. h., der Angriff gleitet am Verteidiger vorbei.*

Bild 177c: *Durch eine Doppelschrittdrehung mit gleichzeitiger Ellbogenkontrolle positioniert sich der Verteidiger seitlich vom Angreifer im Außenraum.*

Bild 177d: *Gegenangriff mit Fauststoß zum Gesicht.*

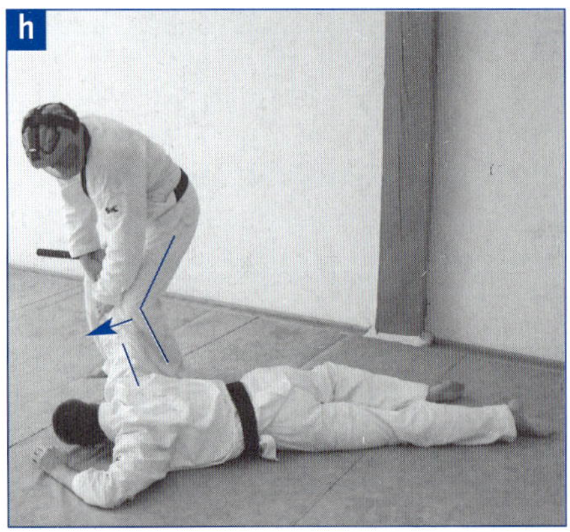

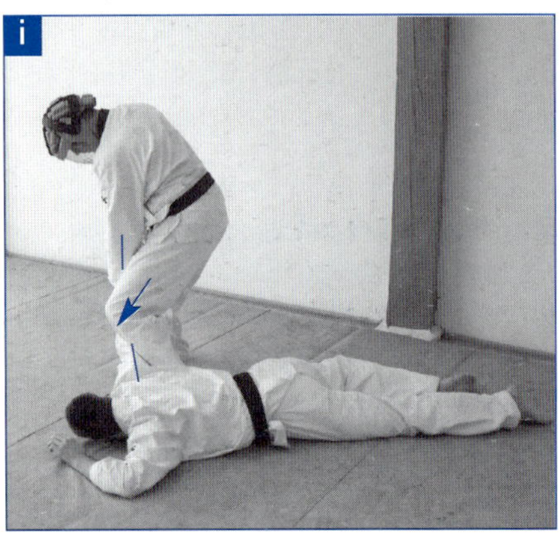

Bild 177e: *Ausholen zum zweiten Schlag.*
Bild 177f: *Schlagausführung. Die Schlaghand ergreift das Handgelenk des Waffenarms.*
Bild 177g: *Doppelschrittdrehung mit Hebelansatz.*
Bild 177h: *Fixieren des Angreifers im Boden mit Knieansatz.*
Bild 177i: *Festlegen im Boden.*

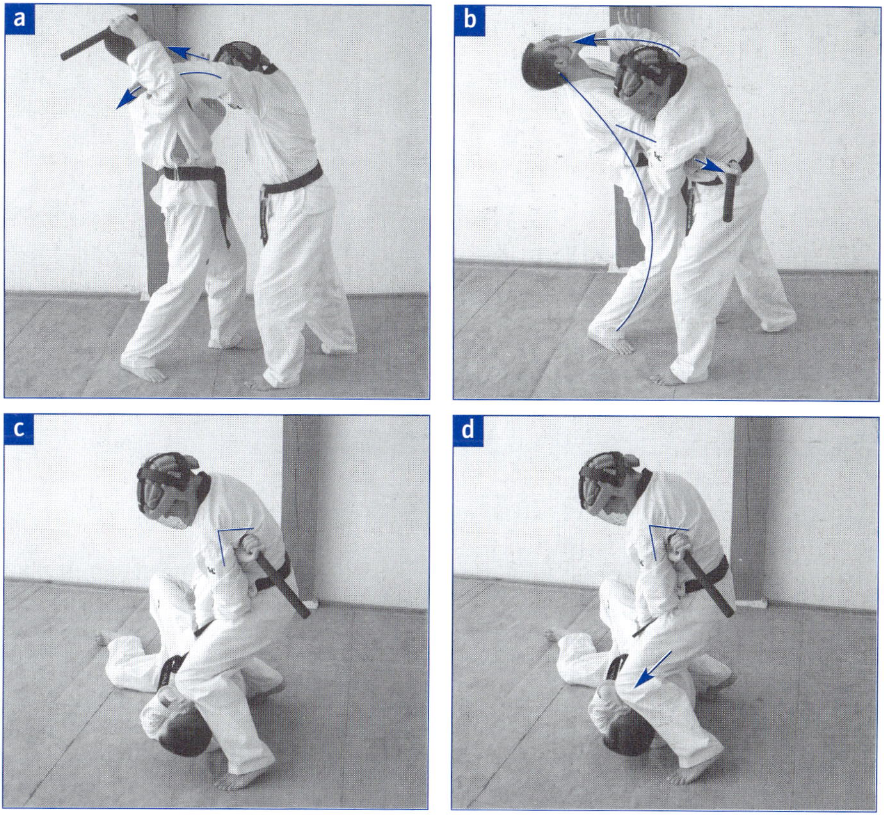

__Bild 178a:__ Der Verteidiger geht direkt mit Abwehr und Fingerkralle Richtung Augen in den Angriff hinein.

__Bild 178b:__ Der Angriffsarm wird in der eigenen linken Achselhöhle fixiert und der Gegner wird unter permanentem Druck auf die Augen überlaufen.

__Bild 178c:__ Der Waffenarm bleibt in der linken Achselhöhle fixiert.

__Bild 178d:__ Der Kopf des Angreifers wird mit dem linken Knie kontrolliert. Aus dieser Situation ergeben sich verschiedene Möglichkeiten zur entscheidenden Abschlusstechnik und der Wegnahme der Waffe.

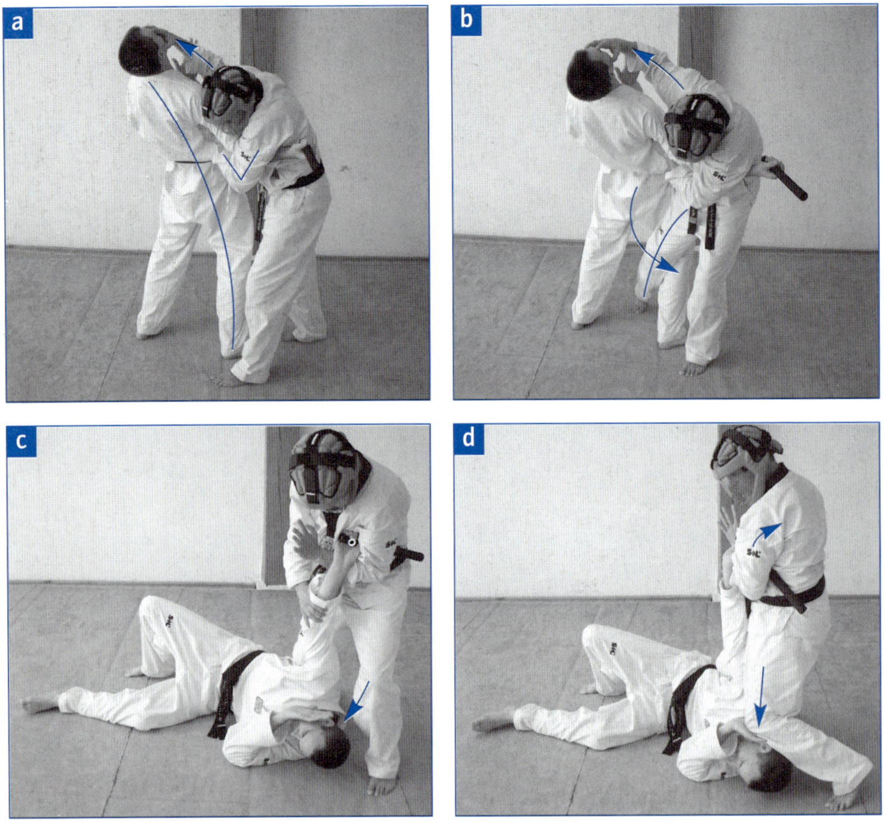

Bild 179a: *Der Stockangriff erfolgt von der Seite. Der Verteidiger geht direkt in den Angriff hinein und blockiert den Waffenarm.*
Bild 179b: *Der Druck auf die Augen mit den Fingerspitzen der rechten Hand wird aufrechterhalten. Es erfolgt ein Abwurf mit einer Außensichel*
Bild 179c: *Vorbereitung zur Waffenabnahme.*
Bild 179d: *Waffenabnahme mit Kniestoß abwärts zum Kopf des Angreifers.*
Falls Hilfsmittel verfügbar sind, sollten diese beim Angriff mit Waffen eingesetzt werden. Hilfsmittel können sein: Stuhl, Schal, Schlüsselbund, überhängender Dachbalken u. a. m. (siehe Kapitel 14 „Der Gebrauch von Alltagsgegenständen als Waffe").

Bild 180a: *Der Stockschlag wird im Ansatz durch einen Stoß mit den Stuhlbeinen aufgehalten.*
Bild 180b: *Der Stuhl wird zur Seite geschleudert, der Angreifer mit Ellbogen- und Kopfkontrolle an der dem Verteidiger nächstgelegenen Seite gefasst und mit einer Doppelschrittdrehung mit dem Kopf voran in die Wand geschleudert. (Merke: Nutze die Umgebung als deinen Freund. Dies ist systematisch ins Training zu integrieren und zielgerichtet zu üben.)*
Bild 180c: *Mögliche Folgetechniken am angeschlagenen Gegner: Knie und Ellbogen.*

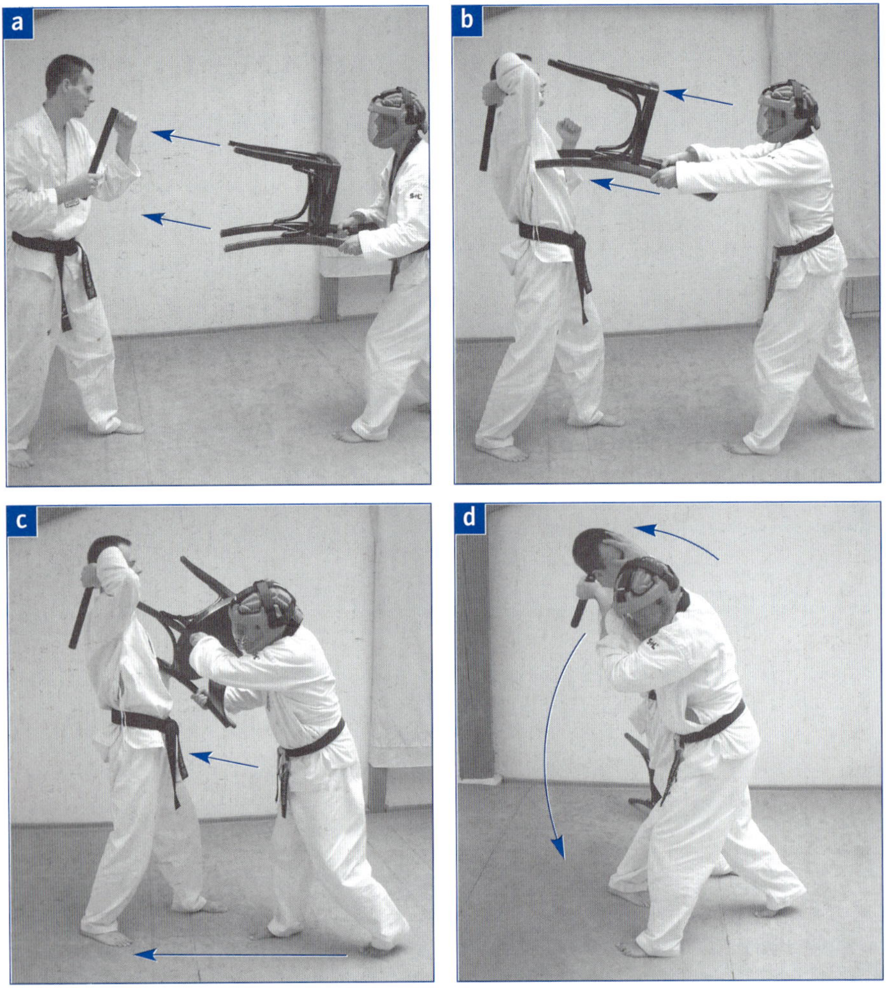

Bild 181a: *In die Ausholphase hinein erfolgt ein Stoß mit dem Stuhlbein in Richtung Gesicht des Angreifers.*
Bild 181b: *Durch die schnelle Bewegung zum Gesicht wird beim Angreifer ein Lidschlussreflex ausgelöst.*
Bild 181c: *Der Stuhl wird zur Seite geschleudert und der Verteidiger positioniert sich an der Außenseite des Angreifers.*
Bild 181d: *Kontrolle des Schlagarms, Fingerstich Richtung Auge.*

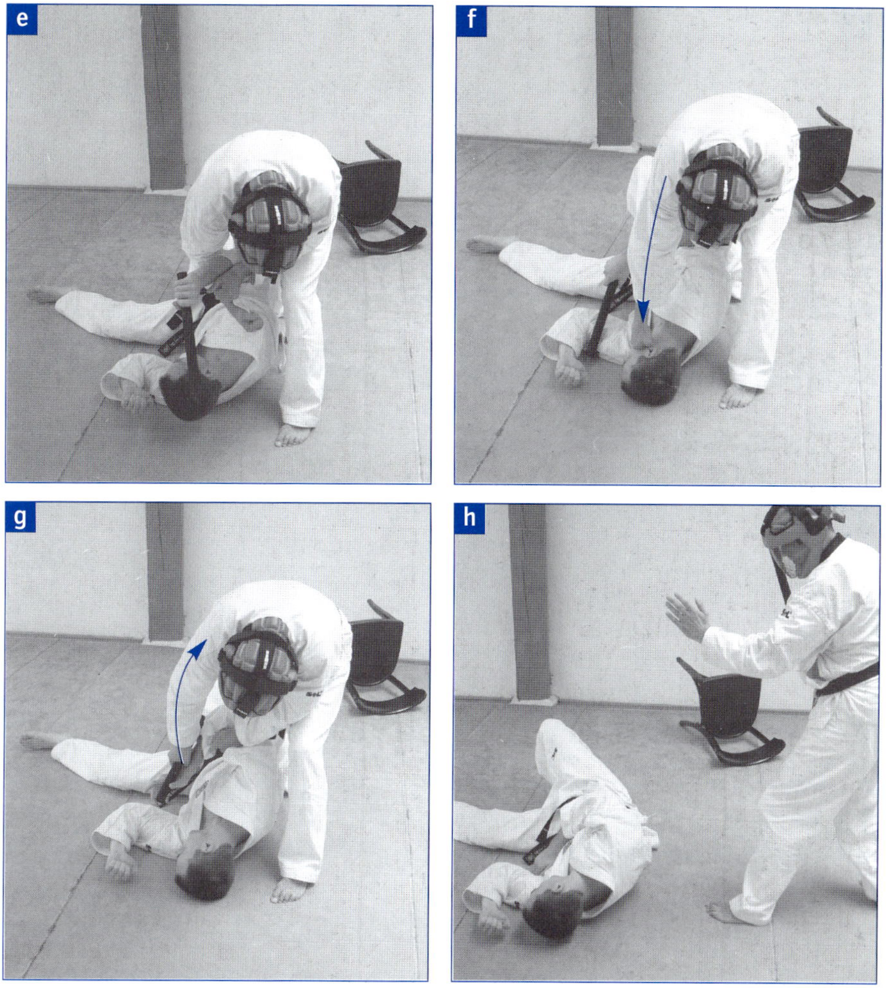

Bild 181e: Der Angreifer wird zu Boden gebracht.
Bild 181f: Fauststoß zum Kopf.
Bild 181g: Entwaffnung.
Bild 181h

__Bild 182a:__ Rucksack als Hilfsmittel.
__Bild 182b:__ Sichtberaubung des Angreifers.
__Bild 182c:__ Kopf- und Ellbogenkontrolle.
__Bild 182d:__ Kniestoß zum Unterleib.
__Bild 182e:__ Fixieren des Angriffsarms bei gleichzeitig diagonal abwärts geschlagenem Ellbogen. Möglichkeiten zur Weiterführung durch Wurf bzw. weitere Schläge und Tritte sind gegeben.

Bild 183a: Stock gegen Stock.
Bild 183b: Block und gleichzeitiger Stockgegenangriff gegen das Ellbogengelenk.
Bild 183c: Weiterführung zum Schlag gegen den Oberschenkel.
Bild 183d: Schlag gegen das Gesicht.

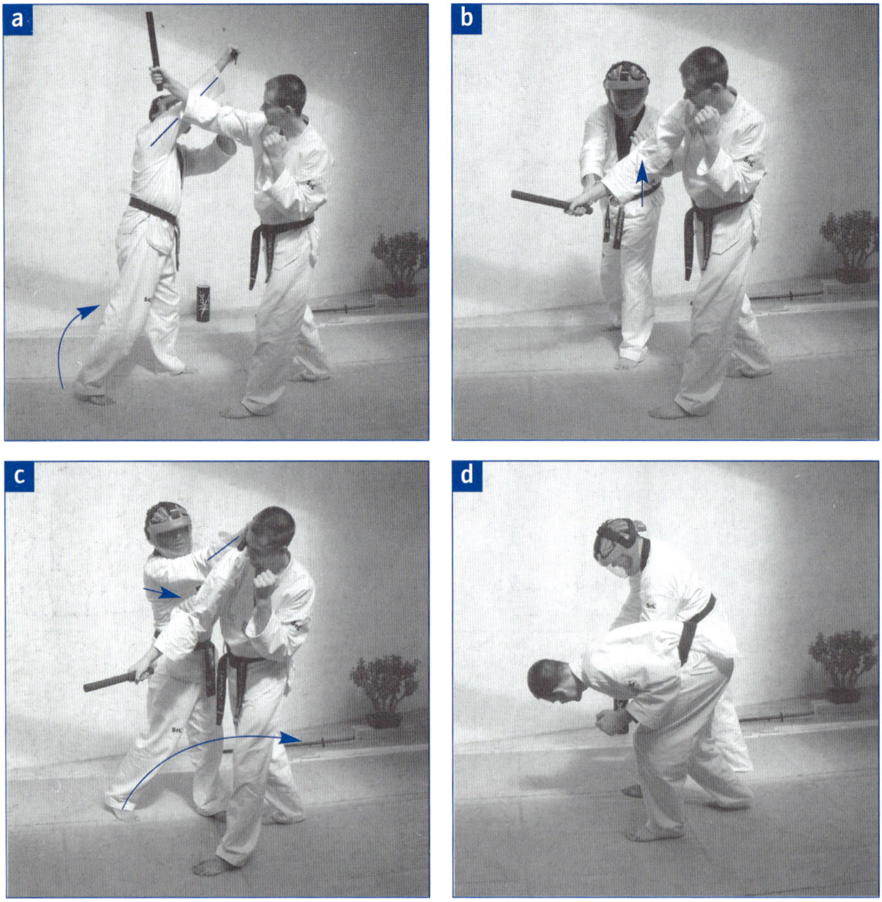

Bild 184a: *„Leitplanke".*
Bild 184b: *Ellbogenkontrolle und Schrittdrehung an die Außenseite mit gleichzeitigem Stockschlag zum Handgelenk des Angreifers.*
Bild 184c: *Unter Beibehaltung der Ellbogenkontrolle seitlicher Stockschlag zum Kopf des Angreifers.*
Bild 184d: *Hebelansatz.*

13.2 Kette

Für die Abwehr der Kette findet bevorzugt das Pendelprinzip Anwendung, da diese Waffe, einmal ausgeschlagen, weniger manövrierfähig als ein Stock ist. Das Problem der exakten Distanzeinschätzung ist hier größer als beim Stock, da eine (gefaltete) Kette schwer auf ihre Länge hin zu beurteilen ist.

Als Trainingswaffen bieten sich Plastikabsperrungsketten von Baustellen oder auch eine Bergsteigerschnur an.

Anwendungsbeispiele

Bild 185a
Bild 185b: Auspendeln das Angriffs.
Bild 185c: Nach Passieren des Angriffs erfolgt ein Sprintstart mit schnellen Faustangriffen zum Kopf des Angreifers.
Bild 185d-e

13.2 Messer

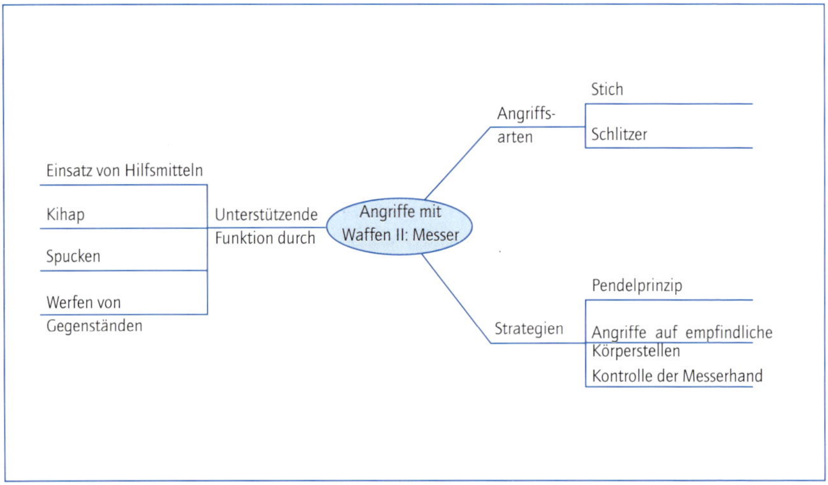

Mindmap 14: *Angriffe mit Waffen II: Messer*

Das Messer besitzt in der Reihe der Waffen eine *Sonderstellung*. Es ist klein, äußerst manövrierfähig und – in der Hand eines geschulten Anwenders – absolut tödlich. Während es bei den vorher besprochenen Waffen möglich ist, im Rahmen der Abwehr die Waffe selbst zu fassen, entfällt diese Möglichkeit beim Messer. Falls Gegenstände greifbar sind, die als *Waffe* oder *Schutzschild* genutzt werden können, ist davon Gebrauch zu machen. Die Kampfstellung bei der Messerabwehr unterscheidet sich von der sonst geläufigen. Dem Angreifer werden nur die Strecksehnenseiten der Arme dargeboten. Die Begründung liegt darin, dass bei einer Verletzung oder Durchtrennung der Strecksehnen immer noch die *Beugefähigkeit, d. h. Greiffähigkeit* der Finger, erhalten bleibt. Bei Durchtrennung der Beugesehnen ist die entsprechende Hand für die Selbstverteidigung nicht mehr zu gebrauchen. Der Verteidiger muss damit rechnen, durch Adrenalinwirkung bedingt, eventuelle Verletzungen erst später zu bemerken. Nach einer Auseinandersetzung deshalb sorgfältige Untersuchung!

Das in der herkömmlichen Selbstverteidigung gezeigte Prinzip: „ein Messerangriff – eine Abwehr" ist völlig realitätsfern! Die Angriffe bestehen aus einer *Mischung von Stichen, Schnitten und Schlitzbewegungen,* begleitet oder eingeleitet durch *Tritte* und/oder *Festhalteversuche mit der freien Hand.*

Das Ziel der Verteidigung muss es sein, den Angreifer durch *schnelle, bewegliche Beinarbeit* und *tiefe Tritte* auf Distanz zu halten, bis sich eine Möglichkeit ergibt, die *Messerhand zu kontrollieren*. Diese Kontrolle – ist sie einmal erfolgt – darf nicht mehr aufgegeben werden!

Selbstverteidigungstraining gegen Messerangriffe ist äußerst frustrierend, weil immer gezeigt wird, wie verwundbar man als Verteidiger gegen einen Messerangriff ist!

Merke: Jeder, der mit einem Messer angreift, sei es Kind, Frau oder Mann, ist ein potenziell tödlicher Gegner und muss als solcher eingeschätzt und behandelt werden! Unterschätzung führt zu Verletzung und/oder Tod!

Anwendungsbeispiele

Bild 186: *Beachte die Schutzbrille des Verteidigers und die Verteidigungshaltung, bei der die Strecksehnenseite der Unterarme zum Angreifer gewandt wird.*

Bild 187a: *Stichangriff.*
Bild 187b: *Schlitzende Bewegung.*

Bild 188a
Bild 188b: *Der Stichangriff wird ausgependelt.*
Bild 188c: *Der Sticharm wird kontrolliert.*
Bild 188d: *Es erfolgt ein Stopptritt seitlich ins Kniegelenk.*

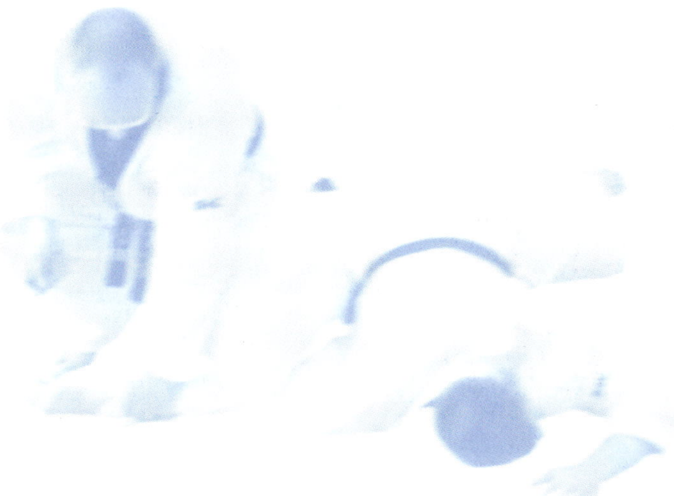

Bild 188e: *Ansatz zum Handdrehbeugehebel.*
Bild 188f: *Festlegung des Angreifers mit Handbeugehebel.*
Grundsätzlich ergeben sich Hebel aus der Situation. Sie können nie als Endtechnik angestrebt werden! Die Wahrscheinlichkeit, einen Hebel ansetzen zu können, ist in einer Messerkampfsituation äußerst gering! Die Mittel, die primär zum Einsatz kommen, sind Distanzregulation, Schläge und Tritte!

Bild 189a: *Der Verteidiger wirft ein Hilfsmittel (Mäppchen, Schlüsselbund, Geldbörse u. a. m.) zum Gesicht des Angreifers.*
Bild 189b: *Durch diese schnelle Bewegung in Richtung der Augen wird ein Lidschlussreflex beim Angreifer ausgelöst.*
Bild 189c: *Der Verteidiger nutzt die kurze Orientierungslosigkeit des Angreifers zur Distanzüberbrückung und Kontrolle der Messerhand.*
Bild 189d: *Es erfolgt ein Stopptritt mit der Außenkante in das Kniegelenk des Angreifers.*

Bild 189e: *Anschließend wird die Konteraktion mit einem Schienbeintritt in die Genitalien weitergeführt.*
Bild 189f: *Hebelansatz.*
Bild 189g: *Festlegung am Boden.*
Bild 189h: *Waffenabnahme.*

Eine ähnliche Sequenz aus einer anderen Perspektive:

Bild 190a-d

Bild 190e-h

14 Der Gebrauch von Alltagsgegenständen als Waffe

In einer Selbstverteidigungssituation kann es sehr hilfreich sein, Alltagsgegenstände, die man mit sich führt, als Waffe umzufunktionieren. Durch ihren Einsatz kann der Wirkungsgrad waffenloser Techniken erhöht werden. Dazu kommt ein Überraschungseffekt durch die „sachfremde" Verwendung. Dieses Kapitel will die verschiedenen Möglichkeiten von Alltagsgegenständen als Waffen nicht erschöpfend behandeln, vielmehr will es Möglichkeiten aufzeigen und Denkanstöße vermitteln, die es dem einzelnen Schüler ermöglichen, seine eigenen „Alltagswaffen" in seine ganz persönliche Selbstverteidigung zu integrieren. Die folgenden Alltagsgegenstände sind flächendeckend in Gebrauch und können bei richtiger Nutzung zu Waffen umfunktioniert werden.

14.1 Buch/Aktenkoffer

Ein Buch kann mit beiden Händen oder auch nur mit einer Hand als Stoßwaffe benutzt werden. Der Verteidiger sollte versuchen, mit einer Buchecke oder Kante zu treffen.

Bild 191

14.2 Zusammengerollte Zeitung

Eine zusammengerollte Zeitung lässt sich wie ein Schlagstock zum Schlagen und Stoßen verwenden.

Anwendungsbeispiel

Bild 192a: *Hilflosigkeitsgeste, Unverständnis signalisieren. Die zusammengerollte Zeitung wird unauffällig in der Hand gehalten.*
Bild 192b: *Der Versuch, den Verteidiger zu greifen, wird weitergeleitet.*
Bild 192c: *Schlag zum Hals.*
Bild 192d: *Ohne Unterbrechung wird der Schlag horizontal zum Gesicht weitergeführt.*
Bild 192e: *Durch diesen Schlag kommt es zu einer Überstreckung des Angreifers, die der Verteidiger dankbar mit einem Schienbeintritt zum Unterleib ausnutzt.*

14.3 Kugelschreiber/Stift

Ein Stift lässt sich als *Druckverstärker* auf empfindsame Punkte einsetzen.

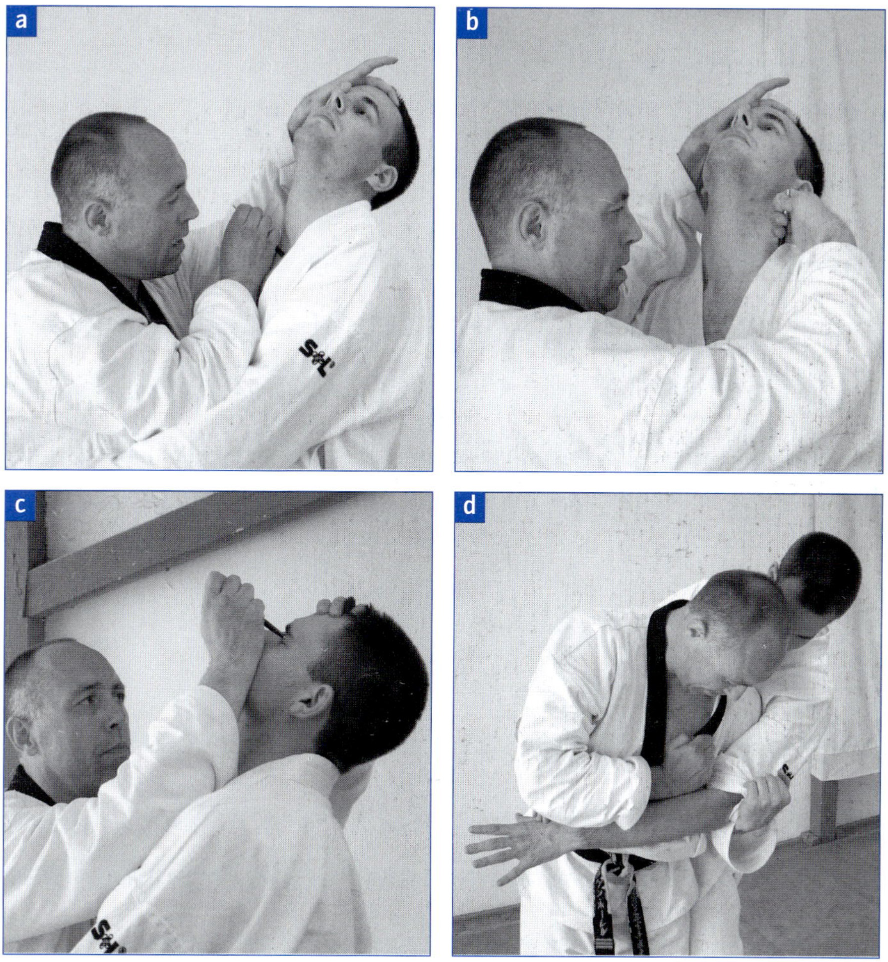

Bild 193a: *Luftröhre.*
Bild 193b: *Schlüsselbeingrube.*
Bild 193c: *Auge.*
Bild 193d: *Ellbogenbeuge.*

14.4 Schlüssel

Schlüssel sind hauptsächlich als Stichwaffen und in einer „schlitzenden" Art zu nutzen.

Entschließt sich ein Taekwondoka dazu, diese Alltagswaffen in sein Selbstverteidigungsrepertoire aufzunehmen, so hat er sich folgende Fragen zu stellen:

- Ist der Gegenstand schnell greifbar?
- Wie passt der Einsatz dieses Gegenstandes zu meiner sonstigen Selbstverteidigungstechnik?
  Es darf nicht passieren, dass durch den Gebrauch einer Alltagswaffe das sonstige technische Arsenal nicht mehr zur Anwendung kommen kann.
- Bin ich genügend geübt im Gebrauch dieser Alltagswaffe?
  Mangelndes Training kann dazu führen, dass im Ernstfall die Waffe gegen mich selbst angewendet wird!

Bild 194: Schlüsselhaltung.

Bild 195a-b

15 Methodische Reihenfolge zur Erarbeitung von Selbstverteidigungssituationen

Die hier vorgeschlagene Reihenfolge zur Einführung und Erarbeitung von Selbstverteidigungssituationen ist nicht so zu verstehen, dass es jederzeit zwingend notwendig wäre, alle Einzelschritte zu durchlaufen, um erfolgreich zu sein. Ob der Lehrer jeden Schritt durchführen lässt, hängt vom Zeitbudget, technischem Repertoire, Lernschnelligkeit, Vorwissen u. a. m. der Schüler ab. Der Sinn dieser methodischen Reihung ist darin zu sehen, möglichst viele wichtige Aspekte einer Selbstverteidigungssituation zu erfassen und den Schülern zugänglich zu machen. Dazu gehören auch theoretische Kenntnisse und Wissen um Variationen, Störmöglichkeiten und eigene Grenzen. Insofern stellt diese methodische Reihung eine Art „Steinbruch" dar, aus dem sich der Lehrer bedienen kann, um ein „Haus" nach den Bedürfnissen seiner Schüler zu „bauen".

Definition der Situation

Festlegung der Distanz; Art des Angriffs; Modellvorstellung von der Angriffsbahn schaffen; Querverweise auf ähnliche Situationen, um Angriffsklassen herauszuarbeiten.

Funktionalität von Angriffen erarbeiten

Oft besteht bei den Schülern keine klare Vorstellung davon, wie ein Angriff in der Realität aussieht. Angriffe mit Grundschultechniken, wie sie auf der Straße niemals vorkommen, haben im Selbstverteidigungstraining nichts verloren! Die Unsitte, einen Angriff frühzeitig zu stoppen oder stehen zu lassen, erzeugt ein falsches, inneres Modell beim Übenden.

Technische Optionen zur Neutralisierung der Angriffe aufzeigen

Alle Phasen einer Selbstverteidigungsaktion durchlaufen lassen; falls nötig, Beschränkung auf 1-2 Phasen, dann aber wieder Einbau in die gesamte Handlungskette.

Jede Aktion begründen können!

Verlangsamung der Ausführung gegenüber der Echtzeit

Überprüfung anhand der *Parameter*

- Funktionalität des Angriffs.
- Distanz.
- Position.
- Timing.
- Motorische Lösung unter Berücksichtigung von Kontrolle, Eigensicherung, Vollständigkeit.

Erhöhung der Intensität

Der Angriff wird *schneller* vorgetragen (immer mehr der Echtzeit angenähert), die *Kraft* des Angriffs wird erhöht.

Bei annähernd sicherer Ausführung wird die Frequenz der Angriffe gesteigert (Übungsform in Reihe, Kreis).

Einbeziehen von (durch den Lehrer definierten) Störfaktoren

Die vorangegangenen methodischen Stufen werden mit kooperativen Partnern durchgeführt, d. h., der Partner ermöglicht es dem Übenden, eine Vorstellung und ein Gefühl für den vollständigen (und reibungslosen) Bewegungsablauf zu bekommen und ihn *immer* bis zum Ende zu führen. Durch die Störfaktoren wird beim Schüler ein Bewusstsein für die „Bruchstellen" in einer Selbstverteidigungssituation geschaffen und seine Anpassungsfähigkeit geschult. Außerdem lernt der Schüler, eine Aktion *immer* bis zum Ende zu führen, egal, ob es die begonnene oder, durch die Störfaktoren diktiert, eine andere ist.

Lernziel dieser Stufe: Anpassungsfähigkeit an sich verändernde Situationen und Konsequenzen.

Einfachauswahl der Angriffe

Zwei Angriffsmöglichkeiten *innerhalb derselben Distanz* sind möglich. Die Verknüpfung von frühzeitiger Angriffserkennung (= Wahrnehmungsschulung) und angemessener Selbstverteidigungshandlungskette ist das Ziel dieser Stufe. Eine Steigerung erfährt diese methodische Übung, wenn *Angriffe aus verschiedenen Distanzen* zur Auswahl gestellt werden.

Mehrfachauswahl der Angriffe

Das für die Einfachauswahl Gesagte gilt auch hier, allerdings mit dem Unterschied, dass der Grad der Ungewissheit durch 3-5 mögliche Angriffe erhöht wird.

Freie Angriffe

Der Verteidiger ist über Distanz und Art der Angriffe im Unklaren. In dieser methodischen Stufe lässt sich ebenfalls mit Variationen der Intensität arbeiten (z. B. Zeitlupenangriffe, angedeutete Angriffe mit frühzeitiger Aufnahme durch den Verteidiger, unter Zeitdruck gegen die Reihe oder im Kreis).

Handikaptraining

Handikaptraining bedeutet, dass für den Verteidiger gewisse einschränkende Bedingungen herrschen, z. B.:

- Sichteinschränkung (ein Auge ist verbunden).
- Keine Vorwarnzeit (Überraschungsangriffe).
- Eingeschränkter Gebrauch der Extremitäten (nur den rechten Arm zur Verteidigung benutzen, die gesamte linke Hälfte wird als verletzt definiert u. a. m.).
- Raumnot (Telefonzellen, Rücken zur Wand, Raumecken).
- Zeitdruck (rasche Folge von Angriffen durch verschiedene Gegner).
- Umgang mit Schmerzen (lernen „einzustecken", ohne in der Handlungsfähigkeit beeinträchtigt zu werden).
- Einengende Kleidung (enge Jeans, schwerer Mantel, mit Rucksack).
- Verschiedene Umgebungen (treppauf/treppab, in der Wohnung mit Möbeln als Hindernissen, unterschiedliche Bodenbeschaffenheit wie Gras, Sand, Teppich usw.).
- Schlechte Lichtverhältnisse (Kerze, Stroboskop).

Unter dem zeitlichen Aspekt lässt sich die Einheit Abwehr/Kontertechnik auf drei verschiedene Arten ausführen.

Nacheinander

D. h. zuerst wird die Abwehr ausgeführt, dann erst erfolgt die Kontertechnik. Diese Abfolge wird im modellhaften Handlungssystem des Taekwondo durchgeführt. Der Vorteil liegt in der Kraftentfaltung bei jedem Einzelelement und der Konzentration des Schülers auf die jeweilige Technik. Unter dem Aspekt der Selbstverteidigung ist jedoch die ungünstige Zeitstruktur zu beachten, d. h., die Abfolge ist einfach zu langsam. Anders wird das, wenn die grundschulgemäßen Abwehrtechniken als Offensivbewegungen gegen Gelenke und andere Körperteile des Angreifers aufgefasst werden. Dann kommt ihnen eine Funktion als Unterstützungsfaktor im Hinblick auf eine kampfentscheidende Technik zu.

***Bild 196a:** Abwehr.*
***Bild 196b:** Konter.*

Bild 197a-b

Bei der letzten Sequenz handelt es sich zwar ebenfalls um ein Nacheinander von Abwehr und Kontertechnik, aber durch die Nutzung desselben Arms zur Abwehr und zum Kontor kommt es zu einer Verkürzung der Zeitstruktur. Die Fegesperre wandelt sich ohne Verzögerung zu einem Fingerspitzenstoß zum Auge um.

Bild 198a-d

Zu obiger Sequenz: Nachdem der Verteidiger das Trittbein des Angreifers gefangen hat, erfolgt direkt ein Gegenangriff zum Gesicht des Angreifers, gefolgt von einer klassischen Arae-Makki-Technik zum Kniegelenk des Angreifers. Die „Abwehr" stellt sich hier als kampfentscheidende Offensivtechnik dar.

Bild 199a-c

Gleichzeitig

Die Gleichzeitigkeit von Abwehr und Konter stellt höhere koordinative Ansprüche an die Taekwondoka als die oben genannte, üblicherweise trainierte Variante. Der Vorteil liegt in einer Verkürzung der Zeitdauer der gesamten Aktion. Dieser Variante sollte im Hosinsul-Training der Vorzug gegeben werden.

Bild 200

Bild 201

Vorzeitig

Bei gut ausgeprägtem Antizipationsvermögen und entsprechender Schnelligkeit ist es möglich, in den Angriff des Gegners, also vor Vollendung der Attacke, die eigene Technik auszuführen. Die eigene Abwehr ist nur in Form einer Deckung zur Eigensicherung vorhanden. Unter dem technischen Aspekt sicherlich die eleganteste Lösung, unter rechtlichen Gesichtspunkten kann jedoch die eigene vorzeitige Gegentechnik als Angriff gewertet werden (Problem: sachunverständige Zeugen!). Damit ist dann eine Umkehrung des tatsächlichen Geschehens erfolgt – mit den entsprechenden rechtlichen Konsequenzen.

Schlussfolgerung aus dem Beschriebenen für die Selbstverteidigungstrainingspraxis:

- Der Grundschule entsprechende Abwehrtechniken als Offensivtechniken trainieren.
- Gleichzeitigkeit von Abwehr und Kontertechnik unter Berücksichtigung von Kontrolle und Eigensicherung bevorzugen.

16 Praxis: Übungsformen mit unterschiedlicher Schwerpunktsetzung

Die hier beschriebenen Übungsformen sollen eine Bereicherung des herkömmlichen Trainingsbetriebes darstellen. Die koordinativen Anforderungen, die Selbstverteidigungssituation erfolgreich zu bewältigen, unterscheiden sich erheblich von denjenigen, die der Trainingsbetrieb im Dojang an die Übenden stellt. Die Beschreibungen der Übungsformen sind sehr kurz gehalten, da sie als Ideenlieferanten für den Lehrer und die Aktiven genug Raum für eigene Anmerkungen, Einfälle und Ergänzungen lassen sollen.

16.1 Schwerpunkt: Handikaps durch die Umgebung

16.1.1 Gras, Sand, unebener Boden

Falls möglich, trainiere draußen und wähle für das Training Böden mit unterschiedlicher Beschaffenheit aus. Analysiere, was noch geht und was nicht!

16.1.2 Bergauf, bergab

Durch die veränderten Positionen der Ziele (höher, niedriger) müssen die Techniken den gegebenen Bedingungen angepasst werden. Tritte bergauf oder bergab z. B. müssen anders ausbalanciert werden als auf der Ebene.

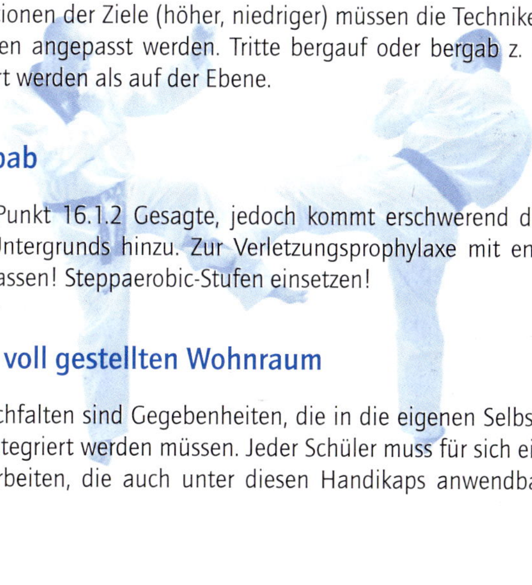

16.1.3 Treppauf, treppab

Sinngemäß gilt das unter Punkt 16.1.2 Gesagte, jedoch kommt erschwerend die fehlende Kontinuität des Untergrunds hinzu. Zur Verletzungsprophylaxe mit entsprechender Vorsicht üben lassen! Steppaerobic-Stufen einsetzen!

16.1.4 Üben in einem voll gestellten Wohnraum

Möbel, Wäscheberge, Teppichfalten sind Gegebenheiten, die in die eigenen Selbstverteidigungshandlungen integriert werden müssen. Jeder Schüler muss für sich ein Set von Techniken herausarbeiten, die auch unter diesen Handikaps anwendbar und effektiv sind!

16.1.5 Unvorteilhafte Lichtverhältnisse

Zu hell => Blickrichtung zur Sonne, Dämmerlicht, Stroboskop (Disko!).

16.1.6 Raumnot

Raumecken, Gedränge, Telefonzellen, Bars sind nur einige Beispiele, die im Training simuliert werden können.

16.2 Schwerpunkt: Individuelle Handikaps

16.2.1 Kleidung

Zu enge Kleidung, Winterkleidung, Rucksack auf dem Rücken.

16.2.2 Sichteinschränkung

Ein Auge verbunden, beide Augen geschlossen (gute Übungsform für den Boden!).

16.2.3 Körperliche Handikaps

Bestimmte Extremitäten sind nicht zu gebrauchen, z. B. wird der linke Arm am Dobok oder im Gürtel fixiert.

16.3 Schwerpunkt: Nur eine einzige Kontergelegenheit

Der Verteidiger hat nur eine einzige Gelegenheit zu kontern. Vorher wird durch Schrittverhalten, genügende Deckungen und Ausweichen diese eine Gelegenheit herausgearbeitet.

16.4 Schwerpunkt: Prognose

Konter nur mit vorher festgelegter Technik.

16.5 Schwerpunkt: Kraft

16.5.1 Sandsacktraining

Runden zu 1-2 Minuten, speziell mit Techniken wie Knie und Ellbogen.

16.5.2 Armpratzen

Der Pratzenhalter drückt im Moment des Aufpralls stark gegen die Technikausführung.

16.5.3 Dreier-Uchi-Komi

Diese Übungsform ist aus dem Judo entlehnt. Ein Partner sichert am Gürtel bzw. an der Kleidung und verhindert damit, dass der Übende werfen kann. Der Übende versucht nun, mit aller Kraft zu werfen und den gesicherten Partner zu Boden zu bringen.

Bild 202a-d

16.6 Schwerpunkt: Umgang mit Schmerzen

Die schlechte Nachricht ist, dass ein realistisches Selbstverteidigungstraining immer mit Schmerzen verbunden ist (Meinung der Autoren). Die gute Nachricht ist, dass eine graduelle Gewöhnung durch ein vernünftiges Training möglich ist. Ist der Umgang mit Schmerzen nie geübt worden, besteht im Ernstfall die Gefahr, durch – auch nicht kampfentscheidende – Treffer des Angreifers handlungsunfähig zu werden, egal, wie hoch das eigene technische und psychologische Niveau auch sein mag. Je behüteter das Umfeld ist, in dem sich der durchschnittliche Mitteleuropäer bewegt, umso eher bleibt er von der Notwendigkeit verschont, sich in bedrohlichen Situationen behaupten und durchsetzen zu müssen. So unangenehm der Gedanke auch ist, sich Treffern aussetzen zu müssen, es führt kein Weg daran vorbei, wenn das Ziel darin besteht, trotz Schmerzen weiterkämpfen zu können.

16.6.1 Drei-Leute-Drill

Ein Partner steht in der Mitte, jeweils ein Partner vor und hinter ihm. Der mittlere Partner wird mit Low Kick, Ap-Chagi u. a. angegriffen und getroffen und kontert direkt mit 1-2 Techniken, ohne sich von der Trefferwirkung aus dem Konzept bringen zu lassen.

Bild 203a-j

16.6.2 Dummyspiel

Ein Partner ist der „lebende Sandsack" für den anderen und lässt sich bewusst treffen. Geschult wird die reflektorische Anpassung der Rumpfmuskulatur, scharfes Ausatmen und Deckungsverhalten.

16.7 Schwerpunkt: Kontrolle

Eine gute Faustregel für den Gebrauch der Hände in der Selbstverteidigung lässt sich kurz gefasst so ausdrücken: eine Hand zur Kontrolle, die andere schlägt oder macht sonstige gemeine, eklige Sachen. Beidhändige Kontrollgriffe dienen dazu, Positionen und Möglichkeiten zu erarbeiten, aus denen heraus Techniken angebracht werden können. Prinzipiell haben Kontrollgriffe den Zweck, kurzfristig den Gegner in seinen Möglichkeiten zu behindern. In den hier vorgestellten Übungsformen wird diese Zeitspanne künstlich verlängert, was zwar unrealistisch ist, aber bei den Übenden ein Gefühl für die Möglichkeiten und Grenzen der Kontrolle entwickelt.

16.7.1 Einhändige Kontrollgriffe

- Ellbogenkontrolle.
- Nackenkontrolle.

16.7.2 Beidhändige Kontrollgriffe

- Clinchen – vier Formen.
- Kombinierte Ellbogen-Nacken-Kontrolle.

Diese Übungsformen werden jeweils 30-40 Sekunden mit einem kooperativen, leicht resistenten oder einen voll widerstehendem Partner (je nach Können des Ausführenden) durchgeführt. Jeder Partner macht 3-5 Durchgänge.

16.8 Schwerpunkt: Mehrere Gegner

Der Umgang mit mehreren Gegnern sollte in verschiedenen Konstellationen durchgespielt werden, von denen eine die der Nothilfe ist.

16.8.1 1 : 2

Strategien: An die Flanke gelangen, sodass ein Gegner nie direkt an den Verteidiger herankommen kann.

Bild 204a-g

Bild 205a-c
Bild 205d: *Nach erfolgter Doppelschrittdrehung steht ein Angreifer als Schutzschild zwischen dem Verteidiger und Angreifer Nr. 2.*
Bild 205e-g

16.8.2 1 : 3

Die drei Gegner werden behandelt wie zwei Gegner, d. h., der Verteidiger versucht ebenfalls, zur Flanke zu gelangen und einen der Angreifer zwischen sich und den Rest zu bekommen. Die Strategie, mitten durch die Gegner zu gehen, sollte vermieden werden.

16.8.3 2 : 1 (Nothilfe)

Bei Rollenspielen, die die Nothilfe beinhalten, ist von Seiten des Helfenden darauf zu achten, dass die Eigensicherung ausreicht, um auch wild um sich schlagende Gegner unter Kontrolle zu bekommen.

16.8.4 2 : 2

Auch diese Variante sollte trainiert werden.

16.8.5 2 : 3

Genau betrachtet, handelt es sich hierbei um eine Kombination aus 1:1, 1:2, 2:1. Der besondere Reiz dieser Übungsform besteht darin, dass diese Einzelkonstellationen fließend ineinander übergehen können.

16.8.6 Jeder gegen jeden (3-6 Teilnehmer)

Der Reiz dieser Übung liegt darin, dass die Umstellungsfähigkeit der Verteidiger permanent gefordert wird. Es sind Situationen denkbar, dass einer allein gegen mehrere Gegner widerstehen muss, als auch eine völlig unübersichtliche Konstellation, die sich dadurch auszeichnet, dass das schiere Chaos herrscht.

16.9 Schwerpunkt: Boden

Für die Taekwondoselbstverteidigung sind die Bodenkampffähigkeiten, wie sie zum Beispiel ein Judoka hat, nicht das Ziel des Trainings. Die Leitfragen lauten vielmehr: Wie verändert sich die Technik, wenn ich gezwungen werde, am Boden zu kämpfen? Welche Techniken sind am Boden überhaupt noch möglich? Das Ziel ist es nicht, wie im Judo, zu einem Würgegriff, einem Hebel oder Haltegriff zu gelangen, sondern eine Position zu erreichen, die es dem Verteidiger erlaubt, trotz eingeschränkter und ungewohnter Umstände, kraftvoll und effizient Techniken anzuwenden. Diese Positionierung am Boden ist Gegenstand der folgenden Übungsformen.

16.9.1 Seitliche Positionierung

Vier Ausgangspositionen des Angreifers.
Ziel: Seitliche Positionierung des Verteidigers.

16.9.2 Diagonaler Arm

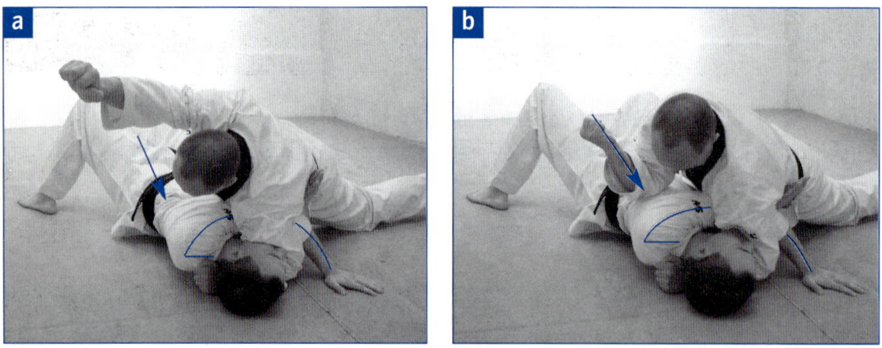

Bild 206a-b

16.9.3 Verteidiger Bodenlage => Aufstehen trotz Gegnerbehinderung

Siehe Kapitel 6.4 „Verteidigung am Boden".

16.9.4 Pratzentraining am Boden

Aus der Bodenlage ist es für den Verteidiger schwierig, Schlag- und Trittkraft zu entwickeln, da er bestimmte Teile der Muskelkette, die im Stand für die Entwicklung der Kraft wichtig sind, nicht einsetzen kann. Trotz dieses Mankos muss er jedoch am Boden die maximal mögliche Kraft entwickeln, um seine Energie nicht durch ineffektive Aktionen zu vergeuden.

Bild 207a: *Durch die Haltung der Beine um die Hüften des Pratzenhalters kann der Ausführende nur die Verwringung des Rumpfs und die Streckung des Arms zur Kraftentfaltung nutzen.*
Bild 207b

Bild 208a: *Die Pratze wird in Simulation eines Nacken- oder Haarzugs umfasst.*
Bild 208b

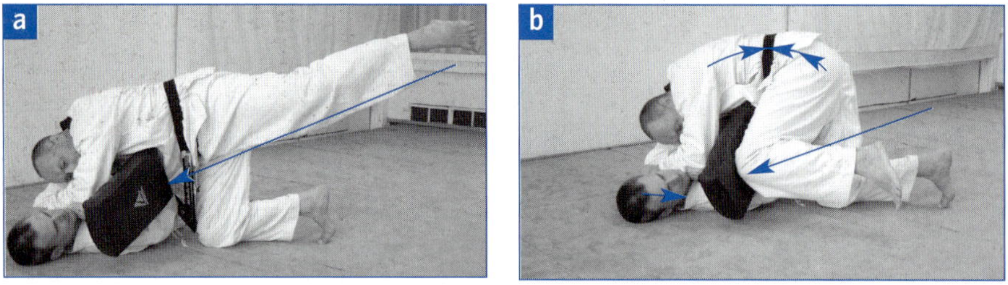

__Bild 209a:__ Ausholbewegung zum Kniestoß am Boden.
__Bild 209b:__ Kraftgewinn durch Zugbewegung mit den Armen in den Tritt hinein und Aktivierung der Bauchmuskulatur.

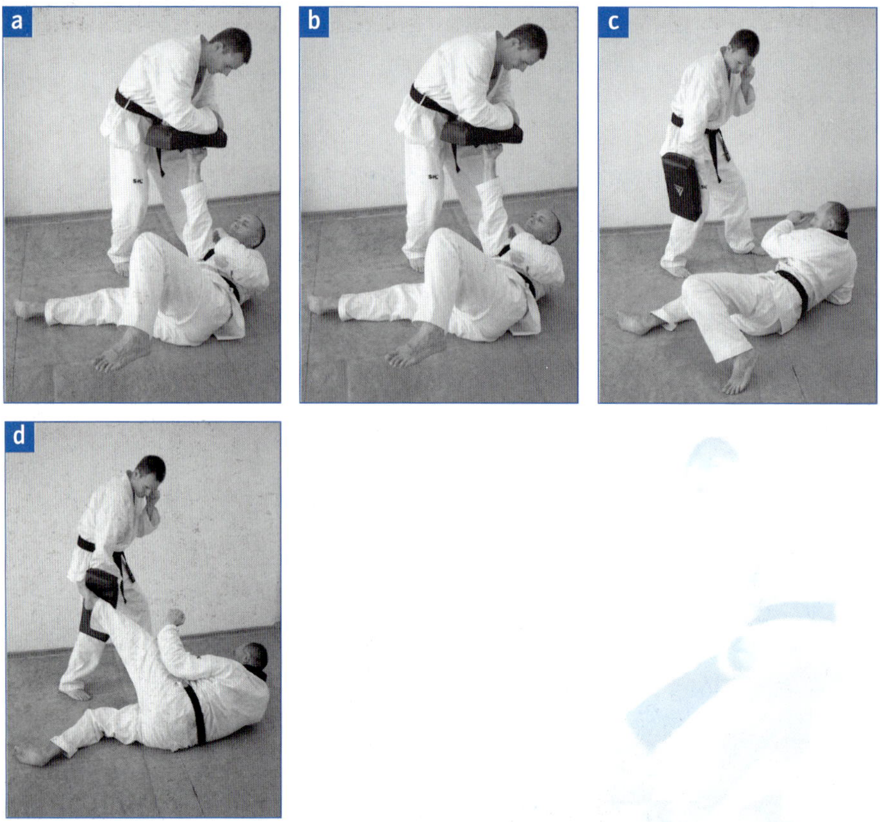

Bild 210a-d

Bild 211a-b

16.10 Schwerpunkt: Positionierung

Positionierung in der Selbstverteidigung bedeutet, dass der Verteidiger nach Möglichkeit an die Außenseite oder in den Rücken des Angreifers kommt. Bloßes Zurückweichen kann fatale Folgen haben, da der Verteidiger weiterhin im Aktionsbereich des Angreifers bleibt.

Bild 212a-c

Bild 213a-b

16.10.1 Diagonales Ausweichen

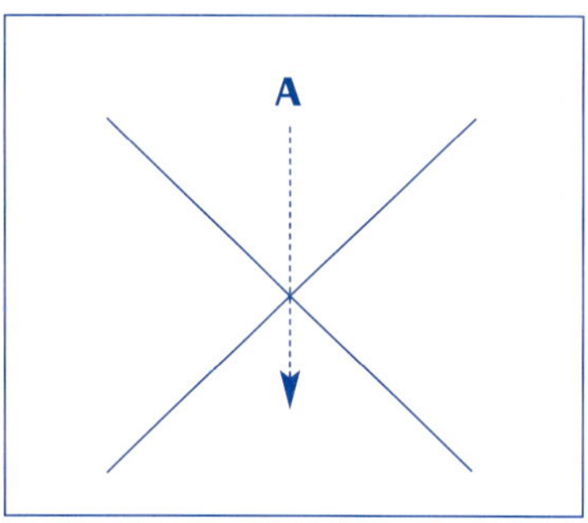

Orientierungslinien am Boden markieren. Der Verteidiger steht auf den sich kreuzenden Linien des X, der Angreifer steht vor ihm.

Grafik 8

16.10.2 Rücken an der Wand

Durch die zwingende Situation muss der Verteidiger zur Seite oder diagonal nach vorn ausweichen.

***Bild 214a:** Kopf des Angreifers an die Wand.*
***Bild 214b:** Haken zum Solarplexus.*

16.10.3 Doppelschrittdrehung

Der Verteidiger steht mit dem Rücken zur Wand. Durch Kontrolle einer Körperseite des Angreifers und Doppelschrittdrehung kann er den Angreifer an der Wand fixieren.

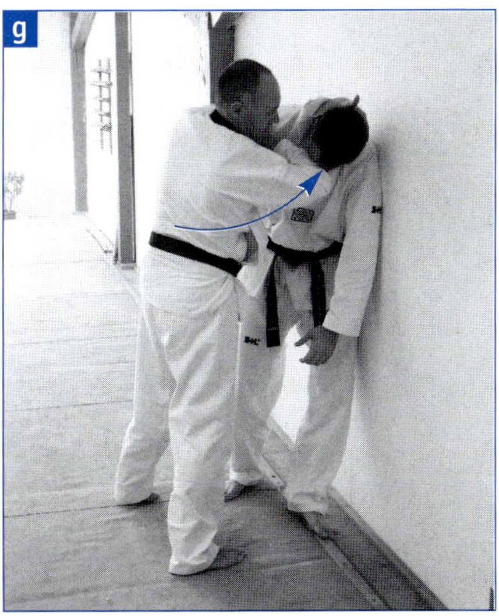

Bild 215a
Bild 215b: *Der Verteidiger leitet eine Doppelschrittdrehung von der Wand weg ein und kontrolliert die rechte Seite des Angreifers am Ellbogen und am Nacken.*

Bild 215c
Bild 215d: *Der Angreifer wird in die Wand hineingestoßen.*
Bild 215e: *Weiterführung mit Ellbogenschlag links zum Kopf.*
Bild 215f: *Kniestoß links gegen den inneren Oberschenkel des Angreifers.*
Bild 215g: *Rechter Ellbogen diagonal aufwärts zum Gesicht des Angreifers.*

16.10.4 Innenbahntraining

Nicht immer ist es möglich, direkt an die Außenseite des Angreifers zu gelangen. Da der Verteidiger auf der Innenbahn jedoch in der Reichweite der Extremitäten des Angreifers ist, muss immer eine Kopplung (= Gleichzeitigkeit) von Abwehr und Gegenangriff erfolgen, um dann an die Außenseite zu gelangen.

16.11 Schwerpunkt: Timing

16.11.1 Verzögerter Angriff

Der Lehrer gibt das Signal zum Angriff, der jedoch nicht sofort erfolgen soll, sondern irgendwann innerhalb von 15-20 Sekunden. Der Vorteil dieser Übungsform besteht darin, dass der Ungewissheitsfaktor bis zuletzt vorhanden ist.

16.11.2 „Trigger-Wort-Training"

Jeder Schüler hat einen Satz als Reaktion auf eine Bedrohung parat. Ein Wort aus diesem Satz dient als Trigger (= Auslöser) des Gegenangriffs, z. B.: „Was haben Sie gesagt?", wobei das Wort „Sie" als Auslöser dient. So albern man sich dabei vielleicht am Anfang auch vorkommen mag, dieses Training ist insofern sehr wichtig, als beim Angreifer eine Aufmerksamkeitslenkung erfolgt, die ihn für eine direkt angewandte Technik hilflos macht.

16.11.3 Training unter Zeitdruck

Ein Schüler steht in einem Kreis oder frontal zu einer Reihe. Die Angreifer starten ihre Aktionen schnell hintereinander, sodass für bewusstes Überlegen und Taktieren keine Zeit bleibt. Die Reihe ist vor allem dazu geeignet, eine hohe Übungsfrequenz zu erreichen (bei größtenteils gefestigten Techniken auf Seiten des Verteidigers). Der Kreis als Aufstellungsform bietet mehr Variationsmöglichkeiten:

- Angriffe im Uhrzeigersinn.
- Angriffe im Gegenzeigersinn.
- Beliebig auf Signal.

- Angreifer werden vor der Übung mit Zahlen belegt => Zuordnung von Zahl und Angreifer.
- Angriffsspektrum reicht von einer festgelegten Technik bis zu freien Angriffen.

16.11.4 Verdecktes Signal

Aufstellung in zwei sich gegenüberstehenden Reihen: Der Lehrer steht im Rücken der Verteidiger und gibt ein optisches Signal zum Angriff.

16.12 Schwerpunkt: Konsequenz

Erfahrungsgemäß werden in der Selbstverteidigung Choreografien eingeübt, die lediglich 1-2 Konter auf einen Angriff beinhalten. Wenn das im Ernstfall ausreichend ist – sehr schön!

Wenn nicht – und das ist meistens der Fall – so ist der Verteidiger schnell mit seinem Latein am Ende. Ziel der Übungen, die die Konsequenz im Gegenangriff schulen sollen, ist es, eine Selbstverteidigungsaktion wirklich zu Ende zu führen (im Sinne einer Optimallösung!).

16.12.1 Redundanztraining

Jeder Angriff wird grundsätzlich mit 3-5 Gegentechniken beantwortet. Auf Stimmigkeit und Effizienz achten!

16.12.2 Fünf-Distanzen-Training

Gegentechniken aus allen fünf Distanzen werden angewandt. Alle fünf Distanzen werden durchlaufen, sodass die Selbstverteidigungsaktion am Boden endet.

16.12.3 Rollenspiele

Verbale Eskalation und Deeskalation in die eigentlichen Aktionen integrieren. Das eigene Triggerwort in Selbstverteidigungsaktionen bis zur Neutralisation des Angreifers durchspielen.

16.12.4 Willenstraining am Boden

Ein Partner umklammert die Beine des Verteidigers am Boden und legt sich darauf. Ein zweiter Partner würgt oder hält. Der Verteidiger versucht mit aller Kraft, sich zu befreien. 2-3 Durchgänge à 30-40 Sekunden. Sehr fordernd!

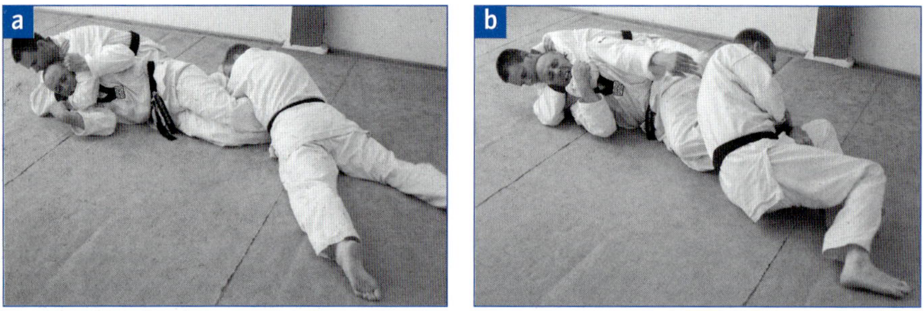

Bild 216a-b

16.13 Schwerpunkt: Distanzregulation

16.13.1 Distanzverlängerung

Ein Partner greift mit vorgegebenen oder freien Techniken an. Der Verteidiger verlängert die Distanz so, dass er um Haaresbreite nicht getroffen wird. Ziel der Übung ist es, zu einer exakten Distanzeinschätzung zu gelangen.

16.13.2 Distanzverkürzung

In den Angriff hineingehen, bevor er richtig „ausgefahren" ist. Beim kleinsten Zeichen eines Angriffs die Distanz zum Angreifer verkürzen, am besten in Verbindung mit Nahkampftechniken wie Knie und Ellbogen (eventuell auch Kopf).

16.14 Schwerpunkt: Reaktionsfähigkeit

Die allgemeine Reaktionsfähigkeit ist weit gehend genetisch festgelegt. In diesen Übungen wird das Reagieren auf bewegte Stimuli trainiert.

- Ein Partner steht mit dem Gesicht zur Wand, Abstand 3-6 m. Je kleiner dieser Abstand, umso fordernder ist die Übung. Der andere Partner steht im Abstand von 2-3 m hinter ihm und wirft einen Ball, Tennisball o. Ä. an die Wand. Partner Nr. 1 muss versuchen, den Ball
  - zu fangen.
  - mit vorher festgelegter Fußtechnik zu treffen.
  - mit Faust, Handballen zu treffen.

Bild 217a-d

Eine Variation dieser Übung besteht darin, dass sich beide Partner zunächst in einer Position mit dem Gesicht zueinander befinden, der ausführende Partner sich nach dem Ballwurf schnell zur Wand dreht.

- Ein Partner steht auf einem Stuhl, einer Bank o. Ä. In der ausgestreckten Hand hält er einen Ball, Tennisball, den er plötzlich fallen lässt. Der andere Partner hat dieselben Aufgaben wie in der oben beschriebenen Übung.

Anhang

Anhang 1 – empfohlene Literatur zur Weiterbildung

Jede Auswahl von Literatur ist sehr subjektiv gefärbt. So verhält es sich auch mit der hier vorliegenden. Selbstverteidigung lässt sich mit dem Bau eines Hauses vergleichen. Taekwondo und die anderen Budokampfkünste bilden den Steinbruch, der das Material liefert. Jeder soll sich aus dem vorhandenen „Baumaterial" die „Steine" auswählen, die für seine individuelle Selbstverteidigung, seinen Charakter und seinen Körperbau passend sind. Die Kriterien für die Auswahl effektiver „Bauelemente" zu liefern, das war die erklärte Absicht dieses Buches! Schaut über den Zaun, nehmt das auf, was zu euch passt und lasst neue Impulse zu! Wenn unser Buch diese Anstöße liefern kann, dann hat es seinen Zweck erfüllt!

Anderson, Dan
American Freestyle Karate
A Guide to Sparring
Hollywood, CA 1980

Anke, Mario & Seißelberg, Klaus
Wehr Dich!
Das Sicherheitsbuch für Frauen
Stuttgart 1993

Beasley, Jerry
In Search of the Ultimate Martial Art
The Jeet Kune Do Experience
Boulder, CO 1989

Beasley, Jerry
The Way of no Way
Solving the Jeet Kune Do Riddle
Boulder, CO 1992

Choi, Hong Hi
Taekwon-Do
The Art of Self-Defence
Seoul, Korea 1965

Christensen, Loren W.
Fighter's Fact Book
Wetherfield, CT 2000

Ellwanger, Siegfried und Ulf
Boxen Basics
Training – Technik – Taktik
Stuttgart 1998

Graff, Sunny
Mit mir nicht!
Selbstbehauptung und
Selbstverteidigung im Alltag
Berlin 1995

Hanho
Combat Strategy
Junsado: The Way of the Warrior
Wetherfields, CT 1992

Hartsell, Larry
Jeet Kune Do
Entering to Trapping to Grappling
Burbank, CA 1984

Hirneise, Lothar & Pertl, Klaus
Quo vadis Ving Tsun?
Modern Views on an Ancient System
Kernen 1988

Jones, Greg
Predator Training
The Inner Beast of San Soo
Boulder, CO 1993

Kautz, Reinhard
Handeln statt wegsehen
Wie wir uns und andere vor Gewalt im Alltag schützen
München 1997

Kent, Chris & Tackett, Tim
Jun Fan/Jeet Kune Do
The Textbook
Los Angeles, CA 1988

Kernspecht, Keith R.
Blitzdefence
Die Strategie gegen den Schläger
Burg/Fehmarn 2000

Köhler, Karin
Stop heißt Stop
Kursbuch Frauenselbstverteidigung
München 1996

Lovret, Fredrick J.
The Way and the Power
Secrets of Japanese Strategy
Boulder, CO 1987

Rabesa, Arthur
Kumite
The Complete Fighting Text
Brockton, MA 1984

Rebac, Zoran
Thai-Boxen
Der Vollkontakt-Kampfsprt aus Asien
Berlin 1985

Sde-Or, Juri & Yanilov, Eyal
Krav Maga
How to Defend Yourself against Armed Assault
Tel Aviv 2001

Seißelberg, Klaus & Anke, Mario
Sicher statt wehrlos
Gefahren erkennen, vorbeugen und überwinden
Strategien für ältere Menschen
Stuttgart 1995

Thompson, Geoff
Die Tür
Erfahrungen eines Rausschmeißers
Burg/Fehmarn 1999

Thompson, Geoff
Die Angst
Techniken zur Angstkontrolle
Burg/Fehmarn 2001

Vunak, Paul
Jeet Kune Do
Its Concept and Philosophies
Burbank, CA o. J.

Anhang 2 – Auszüge aus der aktuellen Prüfungsordnung der DTU (vom 1.1.2001) zum Bereich Selbstverteidigung mit Auslegungen

Wir haben uns erlaubt, aus den kurz gefassten Textbausteinen der Prüfungsordnung und deren offizieller Auslegung einen zusammenhängenden und fortlaufenden Text zu gestalten:

Ziel ist es bei der SV, die Angriffe vorzugeben (z. B. Angriff mit der rechten Faust zum Kopf). Der Prüfling kann dann entweder mit seinen eigenen SV-Techniken kontern oder aber mit den Lösungsvorschlägen der DTU arbeiten (Diese Lösungsvorschläge werden gerade bei der DTU erarbeitet. Es ist jedoch auf alle Fälle noch mit einer gewissen Entwicklungszeit zu rechnen). Bei Angriffen gegen mehrere Gegner soll in erster Linie in der Reihe angegriffen werden, weniger im Kreis, da ansonsten die Lage recht schnell unübersichtlich wird.

Hinweise zur Ausführung der Prüfungsinhalte

a) Den Schwerpunkt bilden die Wirksamkeit der Technik, allgemeine Übersicht, Sicherheit bei der Technikanwendung, sinnvolles Abwehren und die Beachtung des Grundsatzes der Verhältnismäßigkeit der Mittel.

b) Es müssen Angriffe/Aktionen von der linken und rechten Seite abgewehrt werden.

c) Funktionalität von Angriffen bedeutet, dass die Art der Ausführung in Bewegungsbahn und Zielpunkten derjenigen im Ernstfall entspricht.

d) Schnelligkeit und Härte der Ausführungen sind auf die Fähigkeiten des Verteidigers abzustimmen. **Diesem Grundsatz ist in besonderem Maße im Kinder- und Jugendbereich Rechnung zu tragen.**

e) Die Überprüfung der Funktionalität ist Bestandteil jeder Prüfung, ohne dass dies in den einzelnen Programmen besonders erwähnt wird.

f) Die technische Ausgestaltung der Selbstverteidigung wird weitestgehend dem Prüfling überlassen.

g) Distanzen
Für den Bereich Selbstverteidigung innerhalb dieser Prüfungsordnung wird von verschiedenen Angriffs- und Verteidigungsdistanzen ausgegangen, die im Folgenden erläutert werden:

- **„Lange Distanz" (lD)**
  Der Angreifer kann den Verteidiger nur mit Fußtritten erreichen.
- **„Mittlere Distanz" (mD)**
  Der Angreifer greift mit geraden Fauststößen bzw. Schwingern an.
- **„Nahe Distanz" (nD)**
  Sowohl für den Angreifer als auch für den Verteidiger ist in dieser Distanz der Einsatz von Kopfstößen, Ellbogen- und Kniestößen, Haken und Würfen möglich.
- **„Boden" (B)**
  Grundsituationen hier:
  - Angreifer steht, Verteidiger befindet sich am Boden.
  - Angreifer und Verteidiger sind in der Bodenlage.

8. Kup (gelber Gürtel)

- Heranführen an den Bereich Selbstverteidigung (Hosinsul).

7. Kup (gelber Gürtel mit grünem Streifen)

- Einfache Übungen aus der Fallschule zur Verletzungsprävention.
- Der Prüfling fällt unter Kontrolle und mithilfe der Partner zu Boden.

Einfache Übungen aus der Fallschule beziehen sich nur auf die Rolle rückwärts und vorwärts und sind auch in Vereinen abzuprüfen.

Unter Fallschule wird in erster Linie die Rolle vorwärts und rückwärts verstanden. Den Prüflingen ist es durchaus zuzumuten, auf einem normalen Turnhallenboden eine Rolle vorwärts und rückwärts vorzuführen. Dass dies im Training zum Erlernen der Rollen vorwärts und rückwärts mit Matten geschehen soll, liegt auf der Hand.

6. Kup (grüner Gürtel)

- Selbstverteidigung aus der Nahdistanz.

5. Kup (grüner Gürtel mit blauem Streifen)

- Verteidigung gegen kombinierte Angriffe aus der Nahdistanz.

4. Kup (blauer Gürtel)

- Freie Abwehr von Angriffen aus der langen, mittleren und Nahdistanz.

3. Kup (blauer Gürtel mit braunem Streifen)

- Freie Abwehr von Angriffen aus der langen, mittleren und Nahdistanz sowie aus der Bodenlage.

Bodenlage: Der Angegriffene liegt am Boden und muss dafür sorgen, dass der Angreifer ihm nicht zu nahe kommt. Es empfiehlt sich hier, am Boden liegend und kickbereit auf den Angreifer zu warten.

2. Kup (brauner Gürtel)

- Abwehr gegen Angriffe mit Stock und Messer.

1. Kup (brauner oder roter Gürtel mit schwarzem Streifen)

- Selbstverteidigung unter dem Aspekt der Raumnot.
- Abwehr von Überraschungsangriffen.

Raumnot bedeutet, dass eine Lösung gefunden werden muss, bevor überhaupt eine Raumnot entsteht. Wenn der Verteidiger bspw. in einem Eck steht und nicht ausweichen kann, während er angegriffen wird, so genügt z. B. ein Abwehrkick, um sich aus dieser Lage zu befreien. Danach kann er seine normale Verteidigungsstellung einnehmen.

1. Dan (schwarzer Gürtel) und 1. Poom (rot-schwarzer Gürtel)

- Freie Abwehr gegen unbewaffnete und bewaffnete Angriffe aus verschiedenen Distanzen.

2. Dan (schwarzer Gürtel) und 2. Poom (rot-schwarzer Gürtel)

- Selbstverteidigung unter Zeitdruck.

Zeitdruck: Hierunter sind schnelle Angriffe auf den Verteidiger zu verstehen. Der Verteidiger hat hierbei keine Zeit, sich speziell um nur einen Angreifer zu kümmern, sondern muss sich um 2-3 Angreifer kümmern. Dass dabei insbesondere der erste Angreifer nicht immer völlig vom Verteidiger unter Kontrolle gehalten werden kann, versteht sich von selbst.

3. Dan (schwarzer Gürtel) und 3. Poom (rot-schwarzer Gürtel)

- Selbstverteidigung gegen mehrere Angreifer.

4. Dan (schwarzer Gürtel) und 4. Poom (rot-schwarzer Gürtel)

- Einstudiertes Selbstverteidigungsprogramm mit bis zu drei eigenen Partnern unter Berücksichtigung vielfältiger Möglichkeiten, sich zu verteidigen.

5. Dan bis 7. Dan (schwarzer Gürtel)

- Einstudiertes Selbstverteidigungsprogramm mit eigenen Partnern unter Berücksichtigung der verschiedenen Möglichkeiten der Selbstverteidigung (Das Programm kann auch spezielle Ausrichtungen haben, wie z. B. Seniorenselbstverteidigung o. Ä.).

Anhang 3 – Bezugsquellen

Wir danken der Firma *S+L Sportartikel GmbH* für die Bereitstellung ihrer strapazierfähigen Doboks. Auch bei der härtesten Beanspruchung gaben sie ihren Geist nicht auf!

S+L Sportartikel GmbH
Elisabethstraße 42
40217 Düsseldorf
Fon: +49 (211) 37 08 74
Fax: +49 (211) 37 09 08
E-mail: slsport@t-online.de

Die Firma *Kuntao Martial Arts Equipment* stellte die Schutzausrüstung und die Übungswaffen bereit. Durch die erzielte Sicherheit war eine realitätsnahe Darstellung der Techniken möglich.

Fa. KUNTAO
Holger Morell
Hauptstr. 154
97299 Zell am Main
Fon: +49 (01 77) 2 78 28 19
E-mail: kuntao@t-online.de
URL : www.kuntao.de

Bildnachweis

Umschlaggestaltung: Birgit Engelen, Stolberg
Fotos (Innenteil): Michael Dautzenberg
Fotos (Umschlag): U1 – Judith Vetter, U4 – Michael Dautzenberg